Danke an meine Eltern, Elisabeth und Stefan,
dass sie mir meine Freiheit in einer sehr schwierigen
Zeit gelassen haben.

Siegbert Schefke

ALS DIE ANGST DIE SEITE WECHSELTE

Die Macht der verbotenen Bilder

Herausgegeben von Maren Martell

: TRANSIT

INHALT

»Je besser wir Diktatur begreifen, umso besser können wir Demokratie gestalten.«

Roland Jahn

»Es geht damals wie heute um eine Vision. Für ein offenes Land mit freien Menschen. Erzählt es denen, die neben euch stehen und neugierig sind zuzuhören! Erzählt ihnen, was uns stark gemacht hat, getrieben hat, eine Diktatur zu stürzen. Nämlich die Sehnsucht, die Luft der Freiheit zu atmen.
Als freie Menschen in einem offenen Land zu leben.«

Gesine Oltmanns, am 9. Oktober 2018 auf dem Augustusplatz beim Lichtfest vor zirka fünfzehntausend Leipzigern und Gästen

PROLOG

Am 3. Oktober 2018, dem Tag der Deutschen Einheit, war ich Gast im Festzelt des Bundesrats. Der Moderator befragte mich über neunzig Minuten. Wie war das damals? Damals in der DDR? Wie war Widerstand in dieser Diktatur möglich? Hat das Leben dort Spaß oder sogar Freude bereitet? Oder war alles nur traurig, langweilig, deprimierend und letztendlich aussichtslos hinter Mauern und Stacheldraht? Es waren etwa zweihundert Zuhörerinnen und Zuhörer gekommen. Schön ist es bei Veranstaltungen, wenn niemand geht, und noch schöner, wenn es während der Veranstaltung mehr Personen werden und absolute Stille im Raum herrscht.

Bei Veranstaltungen vor Schulklassen kommt oft die Frage: »Sie haben ziemlich schlecht über die DDR geredet, aber meine Oma sagt, es war nicht alles schlecht in der DDR.« Das hat mich anfangs sprachlos gemacht.

Meine Tochter Vanessa war am Tag der Deutschen Einheit dabei und hatte mir zugehört. Sie fragte: »Papa, warum schreibst du das nicht mal auf?«

Danke für diese Frage und ganz großen Dank an Lea, Claudia und Vanessa.

Ich war dreißig Jahre alt, als endlich die Mauer fiel. Nicht mehr jung und längst noch nicht alt. Inzwischen ist die Mauer in meinem Leben länger kaputt, als sie existiert hat.

Dieses Buch soll zum Nachdenken anregen und Mut machen.

Die Demokratie ist jeden Tag zu verteidigen. Von jedem und das täglich. In der DDR gab es die Bürgerbewegung. Was heißt das? Es heißt »Bürger bewegt euch«. Selbst wenn der damalige Bundeskanzler verkündete, dass es »blühende Landschaften« geben werde – die Saat einbringen muss schon jeder selber.

Es war ein mühseliger, langer Weg, diese Mauer zu zerstören. Aber damit ist die Demokratie nicht auf ewig gesichert. Freiheit kann wieder sehr schnell in Unfreiheit enden. So wie vom 13. August 1961 bis zum 9. November 1989.

Wer will in Unfreiheit leben? Kein Mensch auf dieser Welt.

UMSTURZGEDANKEN – ALS KIND UND ALS JUGENDLICHER

Ich wurde im Winter 1959 in der kleinen Stadt Eberswalde in der DDR im heutigen Brandenburg geboren. Ein Jahr später machte fast meine komplette Verwandtschaft »rüber« nach Westdeutschland, mit dem Ziel Ruhrgebiet, um Geld zu verdienen. Es ging schlicht und einfach um ein besseres Leben im Westen. Mein Vater war der einzige von vier Geschwistern, der im Osten blieb. Auch seine Eltern, meine Großeltern, gingen. Meinen Opa, seinen Vater also, lernte ich nie kennen, und auch mein Vater sah seinen Vater nie wieder. Er blieb einfach in der DDR hängen. Meine Mutter konnte sich nicht entscheiden. Ihre Familie wollte bleiben, und mein Vater liebte wohl meine Mutter mehr als das anscheinend bessere Leben im Westen. Die Ehe hielt bis zu seinem Tod. Das Bleiben in der DDR schmerzte ihn sein Leben lang. Wie mussten sich meine Eltern beim Bau der Mauer gefühlt haben? Eingemauert und mit der Perspektive, die Eltern und Geschwister nicht wieder zu sehen. Erst sechzehn Jahre zuvor, da war meine Mutter noch ein neunjähriges Kind, hatte sie ihre Heimat in den letzten Kriegstagen verlassen müssen, die Flucht aus Pommern, heute Polen. Mein Vater floh aus dem damaligen Danzig. Es wurde entschieden, dass seine Straße evakuiert wurde, ein paar Straßen weiter mussten die Menschen bleiben. Viele Tanten und Cousinen wurden später zu Polinnen.

Und nun die Mauer direkt durch die Familie. Das bekam auch ich als schon Kind schon zu spüren. Die West- und die Ost-Tanten, die Ost- und die West-Oma.

Die Ost-Oma hieß Emma. Oma Emma sah ich alle vierzehn Tage und freute mich auf die Ferien und die kleine Schlafkammer bei ihr, auch auf die immer gleichen Verstecke im Küchenschrank. Versteckt waren dort klebrige Drops und Bonbons. Es war aufregend, die wenigen Kilometer mit dem Trabant 601 von Eberswalde nach Strehlow in der Uckermark zu Oma Emma zu fahren. Im Dorf gab es noch meine ältere Cousine Anita und zwei Cousins, Hartmut und Hubert. Klar, auch Kühe, Hühner und andere Tiere. In Erinnerung sind mir noch die beiden Schimmel, die wurden im Winter vor einen großen Schlitten gespannt, und an den unser kleiner Kinderschlitten. Was war das für ein Spaß. Und dann erst die Herbstferien. Früh aufstehen und am Dorfteich warten, bis der Trecker mit Anhänger kam. Der fuhr uns aufs Feld, und dann hieß es Kartoffel stoppeln, Maiskolben pflücken oder Tomaten ernten. Am Feierabend war Mut gefragt bei der Tomatenschlacht. Wer sich bewegte oder gar auswich, hatte verloren. Da ging es hoch her, und danach sahen wir aus, von oben bis unten voller Tomatenspritzer. Oma Emma nahm das gelassen und lachte schon von weitem.

Nur, warum fuhren wir nie zu Oma Marie, zur West-Oma nach Datteln in Nordrhein-Westfalen? Wie sollte ich als Kind verstehen, dass eine Mauer daran schuld war? Wie war das möglich und warum akzeptierten das die Erwachsenen? Ich wollte auch dort in der Küche nach Süßigkeiten suchen. Am liebsten nach leckerer Westschokolade. Aber da war ja die Mauer.

Ab den siebziger Jahren kam Oma Marie jeden Sommer. Manchmal wurde sie von der West-Cousine Karola und ihrem Bruder Burkhard begleitet. Wir fuhren mit dem Trabant nach Ost-Berlin zum Grenzbahnhof Friedrichstraße. Eigentlich war es kein richtiger Bahnhof, es war mehr eine Wartehalle, wo wir Oma Marie mit ihren schweren Taschen abholten. Zu Hause wurde ausgepackt, und es gab Schokolade, stapelweise, Vollmilchschokolade mit ganzen Nüssen. Auf der Packung stand drauf, wer weniger als 32 gan-

Ost-Oma Emma aus Strehlow bei Prenzlau
und West-Oma Marie aus Recklinghausen

ze Nüsse in der Tafel zählt, sendet diese ein und bekommt im Gegenzug zwanzig Tafeln umsonst zugeschickt. Also hatte ich zu tun, zählte erst einmal alle Tafeln durch und war verwundert, wie die es im Westen hinbekamen, dass es nie weniger waren als angegeben, nämlich exakt 32 Nüsse. War der Besuch zuende, brachten wir Oma und den Rest der Verwandtschaft wieder zur Friedrichstraße. Abschied nehmen vor dem »Tränenpalast«. Heute ist es ein Museum. Jedem, der in der DDR keinen Unrechtsstaat sieht, empfehle ich dort einen Besuch – der ist kostenlos.

Ich wollte auch damals schon die Welt verstehen. In Ost-Berlin, der Hauptstadt der DDR, war die Grenze gut sichtbar, die Mauer, die diese Stadt so brutal teilte. Oft stand ich mit meinen Eltern am Brandenburger Tor und versuchte zwischen den Säulen durchzuspähen. Irgendwie musste doch was zu sehen sein vom Westen, von West-Berlin. War aber nicht. Immerhin konnten wir auf der Quadriga, die Pferde auf dem Tor von vorne sehen.

Ich war vielleicht fünfzehn, als mir klar wurde, dass ich noch ziemlich genau fünfzig Jahre warten musste, bis ich in den Westen reisen durfte. Nicht auszudenken: Wenn ich mit 65 Jahren nach drüben reisen dürfte, wäre Oma Marie 124 Jahre alt. Ich würde also nie Oma Maries Küche betreten können, und das nur, weil dieser Staat es nicht wollte.

Damals gab es für mich den Begriff »Unrechtsstaat« noch nicht, aber das Gefühl, dass mir nicht gefiel, was mit uns geschah, verfestigte sich immer mehr. In der Schule sagten sie, dass wir in der »Diktatur des Proletariats« lebten und somit im besseren Teil von Deutschland. Aber ich hatte da so meine Zweifel. Das Wort »Diktatur« war doch eher negativ besetzt. Oder empfand nur ich das so?

Klar fragst du deine Eltern, warum es diese Mauer gibt. Wovor sie uns schützen soll. Meine Eltern versuchten, es mir zu erklären. Oft endeten diese Gespräche mit der Bitte: »Darüber sprichst du aber nicht in der Schule«. Letztendlich begann für mich schon im Kindesalter das Schweigen, das Lügen und die Angst vor denen »da oben«. So langsam begriff ich die Verlogenheit dieses Staates, der DDR. Aber wer kann schon als Zehnjähriger das Wort »Diktatur« definieren. Heute weiß ich, dass viele durch ihre straffe Erziehung in der DDR geprägt wurden und bis heute geprägt sind.

Meine Kindheit war wohlbehütet und fast sorgenfrei. Schule, Spielen mit den Nachbarskindern – davon gab es mehr als genug. Baden im Waldsee, Pilze sammeln und Buden bauen. Ich war ein bisschen schwach auf der Brust, schon fast mager, und so schickten mich meine Eltern zum Judo. Ich sollte lernen, mich zu wehren. Das war eine kluge Entscheidung, später konnte ich das ab und an gebrauchen. Noch immer hängt im Kinderzimmer in Eberswalde die Sammlung der Judo-Gürtel – immerhin brachte ich es bis zum schwarzen. In der Fachsprache ist das der »1. Dan«.

Aber irgendwann ist jede Kindheit vorbei, und ich musste erwachsen werden. In der neunten Klasse sollte ich mich entscheiden, was ich werden wollte. Meinen Vater, einen Maurer, sah ich nur in Arbeitsklamotten. Nach der Arbeit wurde weiter gearbeitet. Irgendjemand brauchte immer seine Hilfe, und Geld verdienen, vorzugsweise nach Feierabend, machte Vater Spaß. Heute heißt das wohl Schwarzarbeit und wird auch manchmal von Behörden verfolgt. Er sagte damals zu mir: »Junge, du bist doch ein bisschen schlau. Ich war nach dem Krieg kaum in der Schule, und nun muss ich mit meinen Händen Geld verdienen. Und die werden dabei sehr schmutzig. Versuche du es mit dem Kopf, mach Abitur und studier.« Ja, dachte ich, »Recht hat er, der Vater«. Aber leider hatte die Klassenlehrerin etwas dagegen. Mit fünfzehn Jahren, in der neunten Klasse, wurden mir die Grenzen meiner Entscheidungsmöglichkeiten aufgezeigt. Aus jeder Klasse wurden nur zwei bis drei Schüler zum Abitur zugelassen. Ich hatte Westverwandtschaft und war somit politisch nicht gefestigt. Mit diesem Manko war Abitur für mich nicht vorgesehen. Welch eine Enttäuschung! Die Ablehnung wurde zwar offiziell so nicht begründet, aber es war allen klar, dass es so war.

Mir standen zirka dreißig Berufe zur Auswahl. Autoschlosser war mir zu schmierig, Elektriker und Strom erschien mir als zu gefährlich, aber mauern konnte ich schon. Also Häuser bauen wie mein Vater, und dann gab es noch die Idee, Baufacharbeiter mit Fachabitur zu werden. Und das in Frankfurt an der Oder. Dieses Frankfurt an der Oder war etwa neunzig Kilometer entfernt, und das bedeutete Lehrlingswohnheim und in der Woche weg sein von zu Hause. Und das mit sechzehn Jahren nach der zehnten Klasse. Ich freute mich.

Eine aufregende Zeit. Ich hatte meine erste richtige Freundin. Sie hieß Romy. Ich überraschte sie und buchte über Ostern ein Hotelzimmer, sicherheitshalber gleich für drei Nächte. Zwischendurch flüsterte sie mir ins Ohr: »Hättest doch sagen können, dass es das erste Mal für dich ist.« Genau das, was man als junger Bursche so ins Ohr geflüstert bekommen möchte. Ich bekam bestimmt einen roten Kopf, aber wir blieben trotzdem noch über den Sommer zusammen.

Im zweiten Lehrjahr stieß ich wieder an meine Grenzen in dieser DDR. Diesmal ging es um die politischen, fast unsichtbaren Grenzen. Es war das Jahr, in welchem ich mich um einen Studienplatz bewerben sollte. Und ich wollte Architektur an der Bauhaus-Universität in Weimar studieren. Ich war der Meinung, es sollten nicht nur Plattenbauten für die Bevölkerung hochgezogen werden. Ich wollte das ändern und Architekt werden.

Doch zunächst musste ich bei einer Prüfungskommission vorsprechen. Ein Armeeoffizier erklärte mir, was der Staat so alles für mich bisher getan hätte. Immerhin bezahle er mir auch diese hervorragende Berufsausbildung und das gleich drei Jahre lang. Nun wäre es wohl an der Zeit, ihm in Form von mindestens drei Jahren freiwilligem Armeedienst dafür zu danken. Dann könnten wir auch über mein Wunschstudium nachdenken und vielleicht sogar darüber reden. Es klang schon fast vertraulich so zwischen uns Männern. Minimum achtzehn Monate war ja Pflicht, denn es herrschte Pflichtwehrdienst in der DDR. Und nun sollte ich eine Schippe drauf legen und mich freiwillig zu 36 Monaten verpflichten, also verdoppeln.

Bei der Armee konnte ich Pech haben und an der innerdeutschen Grenze landen, um diese Grenze zu schützen und zu verhindern, dass der böse imperialistische Westen uns überfällt. Ich dachte an meine Oma, die zu dieser Zeit in Datteln wohnte, und wie ausgerechnet meine Oma die DDR überfallen könnte. Ich wollte das nicht – in Uniform 1095 Tage, mit einer Kalaschnikow im Anschlag, diesem Land dienen. Ich nahm all meinen Mut zusammen und sagte Nein. Ja, ich habe es ausgesprochen. Daraufhin teilte man mir mit, dass es dann wohl nichts wird mit Architektur in Weimar, ich würde später informiert werden, was an

Studienplätzen für mich übrig wäre. Meine Lehrlingskollegen, die sich verpflichteten, gingen nach Weimar. Ich studierte dann Technologie für Bauwesen in Cottbus. Hoch- oder Tiefbau standen zur Auswahl. Ich entschied mich für ersteres, wollte ja noch immer hoch hinaus.

In der Schule und in der Lehrlingsausbildung wurde uns eingebleut, dass die Mauer nötig sei, um uns zu schützen vor dem faulenden, stinkenden, untergehenden, aber aggressiven Kapitalismus. Da dieser noch nicht untergegangen sei, müssten wir uns gegen ihn wehren. Mit einer eigenen, starken, unschlagbaren Armee und anderen Truppen. Dazu gehörten die sowjetischen Soldaten, die Geheimpolizei, die sich »Ministerium für Staatssicherheit« nannte und bei uns schlicht und einfach »Stasi« hieß. Dazu kamen die Kampftruppen, die in den Betrieben unter Waffen standen, und die ganz normale Polizei. Die nannte sich »Volkspolizei«, im Volksmund »Vopo«. Letztendlich standen noch im Herbst 1989 wohl achthunderttausend Menschen von zirka 16,43 Millionen DDR-Bürgern unter Waffen. Alles schwer vorstellbar, besonders im Hinblick darauf, dass dann im Herbst 1989 kein einziger Schuss gefallen ist.

Der Schutz dieses besseren Deutschlands, also der DDR, die Mauer, war besonders spürbar in Berlin, und hier noch einmal besonders gruselig zwischen den S-Bahnstationen Schönhauser Allee und Berlin Pankow. Die Fahrt zwischen diesen beiden Stationen verlief flankiert von zwei gleich aussehenden weißen Mauern und dauerte genau drei Minuten zwischen Ost- und West-Berlin. Während der Fahrt schwiegen alle, schauten aus dem Fenster, und ich wusste oft nicht, auf welcher Seite denn nun welcher Teil Berlins gelegen war. Jedes Mal fragte ich mich, warum zieht keiner die Notbremse und alle laufen in den Westen. Es geschah nicht. Die S-Bahn fuhr auf dieser Strecke allerdings wesentlich schneller als sonst. Es sollen an die achtzig Stundenkilometer gewesen sein.

Und ich machte noch eine Entdeckung: Neben der Mauer trennte zusätzlich mindestens ein Stacheldrahtzaun die beiden Berlins.

Der hatte oben so einen Knick, wie ein Brillenbügel. Nun wurde uns ja gesagt, dass dieser »Antifaschistische Schutzwall« (auch dieses Wort gab es für die Mauer) für unser Wohl da sei. Nur, dieser Knick ging in Richtung DDR, und das bedeutete, dass dieser Knick eine Flucht aus der DDR erschweren sollte. Ich erzählte meinem Vater von meinen Beobachtungen. Er riet mir, das bloß nicht weiter zu erzählen, denn das gebe nur Ärger.

Langsam wird es ernster

Die Lehre beendete ich dann, wie üblich, nach drei Jahren. Ich hatte gelernt zu mauern, Estrich herzustellen, Wände zu verputzen, Betonfertigteile an den Kranhaken zu befestigen und noch vieles mehr. Nach einem langen Sommer und kurzer Ausübung meines erlernten Berufes als Baufacharbeiter ging es nun zur Nationalen Volksarmee, kurz NVA.

Ich kam nach Storkow, südöstlich von Berlin, zu den Pionieren. Nun war es um den DDR-Bürger Schefke geschehen. Was dachten sich die Genossen nur dabei, einem 19-jährigen das zuzumuten? Nicht nur Haare ab, nein: Ich wurde kaserniert! Ich betrat meine Unterkunft und war erschlagen. In dem Zimmer standen 18 Betten, eins davon war meins. Dazu gab es noch einen Schrank, Spind genannt. Ich lernte seltsame Begriffe wie »Brett zu«. Das hieß, der Angesprochene hatte die Tür zu schließen. Den Neuen wurden Aufgaben zugeteilt, gerne mit Schikanen verbunden. Ich besann mich auf meinen schwarzen Gürtel im Judo und verweigerte einige der Aufgaben. Auf der Judomatte sollte ich zeigen, was ich drauf hatte, das machte ich und hatte dann einigermaßen meine Ruhe.

Mir wurde ein großer sowjetischer LKW zugeteilt, ein fahrbarer Betonmischer, mit dem ich von einem zivilen Betonwerk Beton in die Kaserne bringen musste. Welch ein Spaß, einen KrAZ, zu fahren. Ein bärenstarkes Allradungetüm mit einem Dieselverbrauch von fast eins zu eins. Das bedeutete, dass ich für hundert Kilometer Landstraße so ungefähr vierzig Liter Diesel bei vierzig Stundenkilometern verbrauchte. Da ich immer ein bisschen schneller fuhr, kam ich auf siebzig Liter pro hundert Kilometer. Dazu kamen noch dreißig Liter Benzin pro Stunde für den Motor, der die Betonmischkugel drehte. So fuhr ich los, kaufte Alkohol am Wegesrand, bekam Beton in meinen fahrbaren Betonmischer und fuhr damit zurück. Die Zusatzladung verkaufte ich gewinnbringend in der Kaserne, und aus dem Beton gossen die NVA-Pioniere Fußböden für Garagen. Das ging einige Wochen lang gut. Aber eines Tages wollte der Motor nicht mehr die Kugel mit dem Beton drehen und keiner konnte helfen. Ich ahnte Schlimmes, denn ich hatte ja gelernt, dass sich nach ein bis zwei Stunden Stillstand der Beton erhärtet, und ich wusste, dass er sehr, sehr hart wurde. Und so kam es: Das folgende halbe Jahr musste ich mit Hammer und Meißel den harten Beton heraus klopfen. Eine Sisyphusarbeit! Täglich ging ich zu meinem KrAZ und hämmerte lärmend drauf los. Eine Panzerhaube für meine Ohren bekam ich, aber es war ungeheuer anstrengend.

In meine Dienstzeit fiel der harte, eiskalte Winter 1978/79, der damals unter »Schneekatastrophe« firmierte. Die Genossen hatten sich eine längere Gefechtsübung im Wald ausgedacht. Wir sollten uns da einbuddeln und vor dem Feind verstecken. Um es kurz zu machen, in der extremen Kälte sprang kein einziges Fahrzeug an, außer meinem Eisenschwein mit dem Betonmischer, das einzige fahrbereite Auto von ungefähr hundert Fahrzeugen. Also war ich das Meldeauto und kutschierte den ranghöchsten NVA-Offizier durch Eis und Schnee. Ich freute mich, mein Mitfahrer war deprimiert. Nach vier Tagen wurde der Spuk abgeblasen.

Als besonders demütigend empfand ich, dass ich nur alle acht Wochen für zwei Tage eine Nacht Urlaub hatte. Auch drohte man uns ständig, die verbündeten sowjetischen Soldaten in Afghanistan im Kampf bei der Einführung des Sozialismus mit Waffengewalt unterstützen zu müssen. Diese Drohung beim Morgenappell versaute einem den ganzen Tag.

Diese und andere Erlebnisse sorgten dafür, dass ich nach kurzer Zeit keine Illusionen mehr hatte, dass das noch was werden könnte mit dem Sozialismus. Ich stellte mir immer wieder die Frage: Was sind das für Menschen, diese SED-Genossen in Uniform?

Aber auch diese Zeit ging vorbei, ich habe sie abgehakt. Nun ging es nach Cottbus zum Studieren. Ja, es wurde auch studiert und viel gefeiert. Bier und Wein waren preiswert. Trotzdem experimentierten wir viel, wie es noch billiger gehen könnte. In jeder Stube stand ein blubbernder Weinballon, und alle hofften, dass aus den Früchten und der Hefe im Brot was Ordentliches zum Trinken würde. Klappte aber oft nicht. Und weil das Flaschenbier nicht schmeckte, holten wir das Zapfbier mit einem Eimer aus der Kneipe, ein Emailleeimer, der zuvor notdürftig gesäubert wurde. Am Wochenende ging es oft mit dem Zug nach Berlin. Zwei Freundinnen hatten eine Wohnung dort. Meistens fuhr ich mit meinem Freund Martin. Martin, ein ruhiger Mecklenburger aus Schwerin, studierte nicht Architektur, aber mit mir Technologie. Wir waren zwei von zehn Studenten in einer WG im Studentenwohnheim. Zehn Jungs teilten sich eine Toilette, eine Dusche, vier Waschbecken und vier Zimmer. Eine herrlich unkomplizierte Zeit. Sehr schön bis auf den anstrengenden Marxismus-Leninismus-, kurz ML-Unterricht. Wir waren 21 Studenten in der Seminargruppe. Es war ein rein technisches Studium, und es wunderte mich sehr, dass nur drei ohne Parteibuch waren. Martin, Henry und ich. Als Ausgleich zum anstrengenden, quälenden Politunterricht gönnten wir uns die Partys in Berlin.

Eine Party in Berlin-Pankow ist mir besonders im Gedächtnis geblieben. Es war wohl im Februar 1982, kurz nach Mitternacht. In den Monaten davor waren Atomraketen entlang der deutsch-deutschen Grenze stationiert worden. Die Amerikaner brachten sich in der BRD mit Pershing II und BGM-109 Tomahawk in Stellung. Die Sowjets kamen auf die Idee, in der DDR mit ihren SS-20 zu antworten. Wer zuerst stationierte, war unklar, aber beide beeilten sich mächtig. Die DDR-Genossen sprachen von »unseren Friedensraketen«. Mir kamen bei dieser Argumentation so meine Zweifel. Dass Udo Lindenberg gegen den Atomraketenschrott in West und Ost war, hörten wir sehr deutlich, als im Westsender sein Lied »Wozu sind Kriege da« gespielt wurde. Auf der bierseligen Party in Pankow also wurde ein Brief verlesen. Die Verfasser waren sich einig, dass gegen alle Raketen protestiert werden musste, wer das unterstütze, sollte unterschreiben. Ich zögerte nicht lange und unterschrieb. Zwei Tage später, mittags um 12 Uhr, wurde mir mitgeteilt, dass ich eine Prüfung nicht bestanden hätte und als einziger nicht zur Wiederholungsprüfung zugelassen würde. Ich wurde exmatrikuliert. Ich war draußen nach anderthalb Jahren Studium. Ich fuhr nach Eberswalde, um es meinen Eltern zu beichten. Die Enttäuschung war groß, ihr Sohn, Einzelkind, studierte nicht mehr. Ihr Sohn hatte eine Prüfung nicht bestanden.

Beim Abschlussgespräch an der Hochschule wurde mir erklärt, dass ich mich als Arbeiter in der Produktion bewähren sollte. Wenn ich ein guter Arbeiter geworden sei, dann könnte ich vielleicht weiter studieren. Sechs Monate arbeitete ich als Dachdecker – auch eine interessante Erfahrung. Nur mit der Beurteilung, die ich zum Weiterstudieren unbedingt brauchte, haperte es. Der Meister meinte dann, ich solle meine Beurteilung selbst verfassen, er werde unterschreiben. Seither weiß ich, dass es sehr schwer ist, sich selbst zu loben. Aber noch schwieriger ist es, auch noch festzustellen, dass man ein vorbildlicher sozialistischer Bürger ist, der gerne weiter studieren möchte. Da saß ich nun vor dem weißen Papier, versuchte etwas zu schreiben, knüllte es zusammen, der Papierkorb war voll und die Ökobilanz an diesem Tage im Eimer – schon damals wusste ich, dass für ein Blatt weißes Papier ungefähr hundert Gramm Holz benötigt werden. Ich wollte partout meine selbst geschriebene Beurteilung auch in zehn oder zwanzig

Jahren noch lesen können, ohne mich in Grund und Boden zu schämen. Es passierte nichts an diesem Tag, ich schaffte es nicht. Ich bat meinen Freund Martin, mir zu helfen. Gut hat er es gemacht. Genau zehn Jahre später fand ich sie in meiner Stasi Akte und wurde nicht rot beim Lesen. Damals konnte ich tatsächlich weiter studieren.

Im Keller unseres Wohnheims wurde ernsthaft Judo trainiert. Oft fuhr unsere Studentenmannschaft an den Wochenenden zu Wettkämpfen. Wir gewannen meist und suchten größere Herausforderungen in Städten wie Prag und Budapest. Dann kam ein neuer Sportsfreund dazu. Er war ziemlich gut, und ich hatte so meine Mühe mit ihm. Irgendwann fragte ich, was er denn so beruflich mache. Er komme gerade aus Brüssel, war dort der Fahrer des DDR-Militärattachés gewesen. Für mich war klar, dass er bei der Stasi war, und ich hatte nun keine Lust mehr, mit ihm näher zu tun zu haben.

An einem anderen Tag wurde ich gebeten, mich zu einem bestimmten Termin in dem und dem Raum zu melden. Es war eine Bürotür ohne Namensschild. Ich ahnte schon, was mir blühte. Und tatsächlich, zwei Schlapphüte saßen im Raum, taten wichtig und fanden mich wichtig. Sie regten einen regelmäßigen Kontakt mit mir an. Es war ein Anwerbungsgespräch des MfS, des Ministeriums für Staatssicherheit. Sie schlugen vor, uns alle zwei Wochen an einem geheimen Ort zu treffen. Ich sollte schon mal unterschreiben und in zwei Wochen dann konspirativ, also unentdeckt und verschwiegen, wieder kommen. Ich unterschrieb erst mal nichts und bat um Bedenkzeit. Die vierzehn Tage vergingen, ich ging nicht zum vereinbarten Ort, einem Parkplatz. Die Genossen luden mich wieder vor. Ich ging wieder durch diese Tür, setzte mich nicht, sagte nur, dass ich kein Interesse hätte und ich es schön fände, wenn sie mir das ihrerseits bestätigen würden. Da sie nicht antworteten, ging ich. Sie meldeten sich nicht wieder. Es war gar nicht so schwer, NEIN zu sagen.

66

Anlage 1

Personenauskunft

Name, Vorname:	Schefke, Siegbert
PKZ:	210259 4 0701 0
Geburtsort:	Eberswalde
Beruf:	Diplom-Bauingenieur
Arbeitsstelle:	WBK Berlin
Familienstand:	ledig
Vorstrafen:	keine
Anschrift: (pol. gem.)	1230 Eberswalde-Finow, Biesenthaler Str. 33
(aufenthältig)	1035 Berlin, Ebelingstr. 4 bei Mahlke (seit 1986)

Zur Person

Nach dem Abschluß der zehnklassigen POS nahm Sch. 1975 eine Berufsausbildung als Baufacharbeiter mit Abitur beim WBK Frankfurt/O. auf, die er 1978 mit Erfolg beendete.

Von Nov. 1978 bis Mai 1980 leistete er seinen Grundwehrdienst bei der NVA.

Sein Studium als Bauingenieur, das er an der Ingenieurhochschule Cottbus absolvierte, schloß er 1985 ab.

Von 1982 bis 1983 erfolgte die operative Bearbeitung des Sch. durch die BV Cottbus, Abt. XX/3, in einem OV, da zu seiner damaligen Freundin inoffizielle Hinweise auf ein beabsichtigtes ungesetzliches Verlassen der DDR vorlagen. Der OV wurde 1983 wegen Nichtbestätigung des Verdachtes einer Straftat gem. § 213 StGB abgeschlossen und archiviert.

Im Rahmen der OV-Bearbeitung war Sch. kontaktiert worden, zeigte sich jedoch nicht bereit, Informationen an das MfS zu übermitteln.

Seit 1985 ist Sch. als Bauleiter im WBK Berlin mit einem monatlichen Einkommen von ca. 1 000,- M tätig.

Seit 1986 tritt der Sch. durch seine Teilnahme an verschiedenen Veranstaltungen hauptsächlich pseudoökologischer PUT-Zusammenschlüsse der Hauptstadt in Erscheinung. Anfangs betätigte er sich in der "Arbeitsgruppe Primärverschmutzung" des Ökologiekreises der Ev. Kirchengemeinde Alt-Friedrichsfelde. Seit dem "3. Berliner Ökologieseminar" engagiert sich Sch. im Zusammenhang mit dem Ausbau der "Umweltbibliothek" der Ev. Zionskirchgemeinde zu einem Zentrum der "Friedens- und Ökologiearbeit".

Seite aus Akte OV »Satan«. »Zwei Mal versuchten sie mich anzuwerben, zu erpressen, aber letztendlich NEIN zu sagen, war nicht schwierig«.

[PUT = Politische Untergrundtätigkeit. PUT wurde als hochgefährlich eingestuft. Wer dessen verdächtigt wurde, konnte mit drastischen Strafmaßnahmen verfolgt werden.]

Es gab noch andere Schlüsselerlebnisse während des Studiums. Klar wollte auch ich in den Semesterferien reisen. Wenigstens dahin, wohin wir durften, Polen, die Tschechoslowakei, Ungarn, Rumänien, Bulgarien. Billige Busse gab es nicht, Flüge waren zu teuer, Züge zu voll und auch zu teuer. Also blieb nur, sich an die Straße zu stellen, das Wunschziel auf ein Pappschild zu schreiben und zu warten, bis ein Auto anhielt und uns, ich hatte Britta dabei, mitnahm. Bulgarien war das Ziel, endlich einmal Palmen am Schwarzen Meer sehen. Geschlafen wurde im Maisfeld, auf der Wiese, im Stadtpark, in Budapest auf der Margareteninsel, Hauptsache ohne Kosten, um die schmale Urlaubskasse zu schonen. Das bisschen ungarisches Geld, was wir umtauschen durften, sparten wir bis zur Rückreise für Budapest. Budapest mit der Donau sollte fast so schön sein wie Wien. Das Land war anders als die DDR. Und nicht nur, weil die Sonne häufiger schien. Zwar machten die Ungarn einen Unterschied zwischen den Westdeutschen, also das waren die, die Westgeld hatten, und den Ostdeutschen, die das Westgeld eher nicht hatten. Aber zehn Tage Ungarn war schon die Krönung eines jeden Sommerurlaubs.

Ich kann es mir heute kaum noch vorstellen: Draußen 36 Grad im Schatten und um die dreihundert Ostdeutsche um 12 Uhr mittags im Kino. Es liefen Musikfilme wie *Dirty Dancing* oder welche von und mit AC/DC. Wir gingen ins Kino wegen der Musik und um unsere Haare zu schütteln. Oder wir gingen in die Lobby eines großen Hotels, der Kellner kam, wir bestellten Cola. Aber auch der Kellner wusste, dass es uns nicht um die Cola oder um das teure Hotel ging. Es ging darum, dass wir da den *Spiegel*, den *Stern* und *Die Zeit* ungestört lesen konnten. Daran war in der DDR nicht zu denken, aber das ging in Budapest. Und außerdem gab es auch Schallplatten aus dem Westen zu kaufen.

Mich interessierten Bücher, die zu Hause nicht zu bekommen waren. 1983 kaufte ich drei, Heinrich Böll *Ansichten eines Clowns* war eins davon. Es wurde in der DDR nicht verlegt. Klar schaffte ich es in Budapest nicht, das Buch von dem zu lesen, der 1972 den Nobelpreis für Literatur bekommen hatte. Dann kam ich mit Britta und den Büchern zur Grenze CSSR-DDR. Ja, das war eine richtige Grenze. Zwar nicht mit Mauer, Stacheldraht und Schießbefehl, aber mit Grenzsoldaten und Zöllnern. Und da kommt dieser Zöllner und verlangt, ich solle meinen Rucksack auspacken und mich auch noch ausziehen. Natürlich findet er den Heinrich Böll und die anderen zwei Bücher. Und nimmt sie mir einfach weg!

Cottbus 21. 07. 1983

[redacted] Cottbus
[redacted] XX 2485 2488
Behr

S C H E F K E

Siegbert
21. 02. 1959
Eberswalde/Finow
DDR
Baufacharbeiter
HW: 1300 Eberswalde/Finow
Briesenthaler Str. 33
NW: 7500 Cottbus
J.-Gagarin-Str. 3

Einleitung einer Einreisefahndung im Paß- und Visafreien Reiseverkehr an allen Eisenbahn-GÜSt der Staatsgrenze der DDR in Richtung CSSR, einschließlich der Flughäfen Berlin-Schönefeld und Dresden für die Zeit vom 20. bis 30. 08. 1983. Das Objekt befindet sich zu einem privaten Aufenthalt im sozialistischen Ausland (VR Ungarn, Bulgarien, Rumänien). Das Objekt wird vorgangsmäßig bearbeitet. Die Einreisefahndung dient dem Ziel, der Feststellung von Hinweisen zu im sozialistischen Ausland hergestellten Kontakten und Verbindungen. Dazu sind folgende Maßnahmen zu realisieren:

- Durchführung einer Gepäckkontrolle zur Feststellung von Beweismitteln, die auf kriminellen Schmuggel sowie andere Verstöße gegen das Zoll- und Devisengesetz der DDR hindeuten. Die Kontrollhandlungen sind besonders auszurichten auf die Feststellung von schriftlichen Unterlagen und Druckerzeugnissen, Adressen und Notizen.
- Die Feststellungsergebnisse dokumentarisch sichern und Bericht fertigen.
- Telefonische Benachrichtigung der auftraggebenden Diensteinheit.

Fahndungsberatung durchgeführt, festgelegte Maßnahmen beibehalten.

Gen. Major Schmidt Gen. Oltn. Behr

Letztendlich hat er sie mir, im Rahmen der Gesetze der DDR, gestohlen. Was dachte er sich dabei? Was denkt er heute darüber? Er war vielleicht zehn Jahre älter als ich. Diese Sturheit kann ich selbst heute noch kaum begreifen. Hätte dieses untergegangene Land DDR uns oder mir doch nur ein paar ganz normale Freiheiten gegönnt. Aber nein, sie mussten uns immer wieder beweisen, wer im Besitz der Macht war und dass die Genossen für uns nur Unfreiheit vorgesehen hatten. Sie wollten es so.

Ich hatte damals noch keine Akte, aber meine Freundin Britta. Ihr früherer Freund kam aus dem Westen und der wollte Britta auch »rüber« holen. Und so bekam Britta die Akte »Angebot«. Es bestand ja Fluchtgefahr, und das wollte die Stasi verhindern. Nur wollte Britta nicht mehr in den Westen, denn sie hatte sich inzwischen ein bisschen in mich verliebt. Das interessierte die Stasi. Und die konnte sich auf Zuträger und Spitzel bei den Mitstudenten verlassen: »Krümel«, »Kerstin«, »Mandy«, »Dirk« und andere. Alles festgehalten in der Akte »Angebot«, die zirka hundert Seiten umfasst und vom 13.05.1982 bis zum 16.12.1983 datiert. Entschuldigt hat sich keiner.

Zwei Mal trampte ich nach Bulgarien bis zum Schwarzen Meer. Dann wurde mir das Trampen zu langweilig, und ich fuhr mit dem Fahrrad, hundert Kilometer vor Istanbul war wie jedes Jahr die Reise zuende.

Ich lernte Alexander aus West-Berlin kennen. Er hatte gerade kein Geld, denn entweder war er bestohlen worden oder er hatte es irgendwo liegenlassen. Ich borgte dem Pechvogel etwas, später wurden wir richtige Freunde.

Auch Meini aus Heilbronn war mit dem Rad unterwegs. Meini lernte ich schon zwei Jahre vorher in Rumänien, damals noch mit Britta, kennen. Wir radelten durch ganz Ungarn, er dann durch Jugoslawien. Ich durfte ja da nicht rein und so durchquerte ich Rumänien, und wir trafen uns in Sofia auf dem Zeltplatz wieder. Wir hatten gewettet, wer zuerst ankommen würde. Ich war drei

Mein Freund Meini (Meinrad Bauer) und mein Studienfreund Martin

Stunden vor Meini da, obwohl ich nur ein Drei-Gang-Rad hatte und er ein besseres. Bei meinem Rad musste ich alle fünfzig Kilometer mindestens eine oder zwei gebrochene Speichen erneuern. Meini blieb das mit seinem West-Rad erspart. Später entdeckte Meini in seiner Stasi-Akte, dass die bulgarische Geheimpolizei der DDR-Stasi mitgeteilt hatte, dass sich der DDR-Bürger Schefke mit einem West-Bürger auf einem Zeltplatz für vier Tage getroffen hatte.

Aber damals dachten wir an so etwas nicht. Es waren unbeschwerte Tage. Nach zwei Wochen waren wir in Burgas am Schwarzen Meer. Meini wollte weiter nach Istanbul. Das war schon wieder Westen und dahin ließen mich die Genossen nicht. So radelte ich am Schwarzen Meer entlang, kam in der Hauptstadt von Rumänien, in Bukarest an. Die Eisenbahn brachte mich dann zurück nach Ost-Berlin. Das war 1985. Ein Jahr später ließen mich die Genossen nicht mehr raus. Ich bekam DDR-Arrest bis zum 9. November 1989.

5.2.4. Reisefahndungs- und Sperrmaßnahmen

Durch die zu Schefke eingeleitete Reisesperre konnte verhindert werden, daß Schefke etwaige Aufenthalte im Ausland für Treffs mit Inspiratoren PUT des Operationsgebietes nutzt.

Durch die zu seinen Kontaktpersonen eingeleiteten differenzierten Reisperr-, Reisefahndungs- und Zollkontrollmaßnahmen in Verbindung mit zu ausgewählten Personen eingeleiteten Beobachtungsmaßnahmen konnte ein bedeutender Teil dieser Verbindungspartner identifiziert, dokumentiert und teilweise unter operativer Kontrolle gehalten werden.

In Koordinierung mit der HA VI, der Linie VIII sowie der HA IX werden in Auswertung der operativen Kontrollmaßnahmen weitere Maßnahmen, unter Berücksichtigung der Strategie der Kontaktunterbrechung gemäß der DA 2/85 des Gen. Minister, festgelegt. (siehe Operativplan)

Ausschnitt aus der Akte OV »Satan«: Reiseunfreiheit

Ich machte damals ein Praktikum in Eberswalde, ich wollte mir und meinen Eltern eine Chance geben in dieser Kleinstadt. Als Aufgabe stellte man mir, eine Kalkulation zu erstellen für die Sanierung einer Häuserzeile. Die Kalkulation bekam ich hin, aber die Sanierungsarbeiten sollten noch zehn Jahre auf sich warten lassen, es gab damals weder Geld noch Material dafür. Ich bekam zu meinem großen Erstaunen die Note 1. Doch lange Haare und seltsame politische Gedanken waren dem Betrieb in der Kleinstadt nicht geheuer, ich bekam keine Arbeit.

Jetzt musste noch die Diplomarbeit geschrieben werden. Ich fand ein dankbares Thema: »Kleber auf Schrägdächern in der DDR«. Ich untersuchte sechs verschiedene Kleber und stellte fest, dass es keinen geeigneten Kleber gab. Nichts klebte ab dreißig Grad Neigung auf dem Dach. Mit der Note 3 konnte ich mehr als zufrieden sein.

Der Osten Europas war bereist, der Hochschulabschluss endlich geschafft, und ich war ein richtiger Diplomingenieur. Auch meine Eltern waren nun ein bisschen stolz. Nach langem hin und her wurde ich Oberbauleiter beim VEB Wohnungsbaukombinat, im WBK, in Berlin. Ich organisierte mir eine Wohnung im Stadtteil Prenzlauer Berg und war am Ziel meiner Wünsche. Schnell lernte ich viele junge Leute kennen, in der Regel Pfleger im Altenheim, Gärtner, Friedhofsgräber, einige waren auch Telegrammboten. Ich war als studierter Oberbauleiter in diesem Kreis eher ein Exot. Keiner arbeitete mehr als vier Stunden am Tag. Es sollte ja noch genügend Zeit bleiben, um sich Gedanken zu machen über die DDR im Kleinen und die Welt im Großen. Oder über die Kunst. Im Sommer 1985 lernte ich Jo kennen. Der hatte ein Bauerngehöft in Stuhr, Mecklenburg-Vorpommern und wollte sein Scheunendach neu decken. Dazu wurden viele Leute gebraucht und für ein Wochenende eingeladen, Rüdiger Rosenthal war auch dabei. Beim Ziegel-Hochreichen stand ich neben Carlo Jordan. Er war ein ausgesprochener Lebenskünstler, etwas älter als ich, immer ein spöttisches Lächeln im Gesicht. Wie ich war er Bau-Ingenieur, arbeitete aber nicht.

Zwei Tage später, zurück in Berlin, verabredeten wir uns, und Carlo nahm mich mit zu seinen Leuten. Ich schloss mich deren kirchlicher Friedens- und Umweltgruppe in Berlin-Friedrichsfelde an. Wir trafen uns oft, diskutierten viel und versuchten uns mit einigen kleinen Aktionen. In der Kastanienallee in Prenzlauer Berg waren zum Beispiel die Kastanienbäume abgestorben. Wir zählten die »toten« Bäume und meldeten unser Ergebnis dem zuständigen Amt. Eine Reaktion kam aber nie. Oder wir fuhren in einer größeren Gruppe durch die Stadt, um darauf aufmerksam zu machen, dass die Luft durch die Trabants und Wartburgs völlig verpestet wurde. Aber so richtig glücklich machten mich diese Aktionen nicht. Meini, mein Urlaubsfreund aus dem Westen, besuchte mich mit seinem Freund aus Karl-Marx-Stadt, heute Chemnitz, in der Hauptstadt der DDR, Carlo war auch dabei. Meinis Bekannter schnüffelte und berichtete den Genossen von seinem Besuch. Was er so alles gesehen und gehört hat, das hat schon sehr hohen Unterhaltungswert. Im Folgenden der transkribierte Bericht von Jens, IM Axel Kern vom 9. September 1986:

Bandabschrift Karl-Marx-Stadt, 9.9.86
Bericht zu Aufenthalt des BRD-Bürgers Bauer, Meinrad bei dem Scheffke [sic], Siegbert in Berlin, Dunkerstr. 15

Am 6.9.86 gegen Mittag suchten wir (Bauer, Meinrad und ich) den Scheffke [sic] auf, welcher jedoch nicht anwesend war. Gegen 17.00 Uhr suchten wir erneut den Scheffke [sic] auf. Zu diesem [sic] Zeit kamen er und auch eine Gruppe Jugendlicher aus der BRD von einer Radtour zurück. Dort trafen wir folgende BRD-Personen:
Jürgen ...... - dieser war schon mit in KMStadt [Karl-Marx-Stadt, d. Hg.]
weiter ein Jürgen - dieser hat Zivildienst geleistet, will ein Studium in der Richtung Flächengestaltung aufnehmen. Er sprach davon, daß er dann jede Menge Spezialisierungsrichtungen innerhalb des Studium hätte, u.a. auch zu Fragen des Umweltschutzes. Dieser sprach mich auch dahingehend an, ob ich auch in irgendeiner Gruppe tätig sei, in der Friedensbewegung bzw. Ökologie.
Sabine ...... - sie lernt Hebamme, ist ca. 20 Jahre, sie befinde sich jetzt in der praktischen Ausbildung. Sie mußte auch am 7.9. um 14.00 Uhr ihren Dienst wieder antreten, dies auch der Grund war, daß die Gruppe in der Nacht von West-Berlin aus wieder nach der BRD zurückreisten. Sie scheint mit dem Jürgen befreundet.
Kathrin ...... - diese hat jetzt im Frühjahr ein Slawistik-Studium aufgenommen. An Sprachen lernt sie Russisch und Tschechisch. Sie habe sich schon immer für solche Sachen interessiert, war auch in einem "Work Camp" in der CSSR. Die Vorteile dieser Camps sieht sie darin, daß man dort 14 Tage arbeite und anschließend noch 4 Wochen die Gelegenheit hat zum Reisen im Land auf eigene Faust, ohne den Mindestumtausch leisten zu müssen. Sie hat auch schon eine längere England-Rei-

se unternommen, teils dort auch gearbeitet, um sich finanziell über Wasser zu halten. Ihren Einsatzchancen steht sie aufgeschlossen gegenüber - bis hin in den diplomatischen Dienst, was für sie eigentlich das Interessanteste sei. Sie reiste jedoch nicht mit der Gruppe zurück, blieb noch in Berlin-West.
Neben dem Scheffke [sic] waren als DDR-Bürger anwesend:
- ein Mädchen - Bibliothekarin an der Humboldt-Uni, tätig in der Bibliothek der Sektion Biologie, ca. 22 Jahre, lange schwarze Haare, Mittelscheitel, starke Raucherin. Wie Scheffke [sic] sagte, habe diese ihn angesprochen hinsichtlich seiner Mitarbeit in der Öko-Bibliothek.
- Scheffke [sic] erzählte von sich, daß er Bauwesen studiert habe, als Bauleiter eingesetzt sei. Er charakterisiert seine Arbeit so: Habe ein eigenes Arbeitszimmer mit Telefon, diese beiden Sachen seien für ihn sehr wichtig. Was seine fachlichen Aufgaben betrifft, so würde er diese in etwa 3 Stunden abarbeiten, hätte dann Zeit für Telefonieren und Briefe schreiben, was er brauchen würde. Die Leute wollten 1200.- M verdienen und da es bisher keine Normung gebe, da würde er auch dafür sorgen, daß sie dies erreichen, es "würde alles seinen guten Gang gehen". Er habe nicht vor, diese Arbeit ewig zu machen, aber solange er dies eben mit solch minimalem Aufwand betreiben könnte, würde er dabeibleiben. Finanziell würde es sich nicht sonderlich lohnen, aber die paar hundert Mark würden keine Rolle spielen. Er ist ca. 30 Jahre alt, hat lange rötliche Haare, großen Rauschebart.
- "Carlo" - er ist Mitte 30, hat ebenfalls Bauingenieur studieret, soll dann noch Philosophie studiert haben und arbeite bei der Kirche, hält dort auch Vorlesungen in Philosophie, ist ebenfalls mit engagiert in der Öko-Bibliothek. Carlo war dieses Jahr 2 Wochen in Berlin-West, eine Tante habe Geburtstag gehabt. Vor dort aus will er mit einer BRD-Gruppe in

einem "Work-Camp" in der VR Polen gewesen sein, hat dort einen Australier kennengelernt, der dann auch mehrere Wochen in der DDR war. Carlo hat recht regen Kontakt nach Berlin-West. Er hätte auch schon Interviews gegeben für ein mehr links orientierte Westberliner Tageszeitung mit Namen "Tatz" [sic: meint Taz] (ph) und hätte auch schon Zuarbeiten für die Sendung "Report" geleistet. Meinrad Bauer wußte um diese Aktivitäten und er fragte dann auch nach, ob sich denn etws ergeben habe hinsichtlich Zusammenarbeit mit dem "Spiegel", dieses aber verneint wurde, man bei dieser einen Zeitung bleiben wolle, weil man nur zu dieser Vertrauen hätte. Zum Verhältnis Scheffke [sic] - Carlo ist einzuschätzen, daß sich beide die "Bälle recht einander zuspielen" und sehr schnell eine Atmosphäre entstand, die recht locker war und man schnell Kontakt faßte. Dabei scheint Scheffke [sic] mehr den Teil für die Witze und der kumpelhaften Art zuständig zu sein, "Carlo" mehr für ernsthafte Gespräche. Beide sind sehr aktiv bei der Einrichtung der Öko-Bibliothek, darüber haben sie recht ausführlich erzählt. Scheffke [sic] berichtete, daß Carlo bei solch einer Veranstaltung dann dastehen würde, es seien immerhin 50 Leute etwa anwesend - und der Carlo habe ihm dann immer gezeigt, wer von der Staatssicherheit ist. Carlo hat auch über einen längeren Zeitraum mit einer Französin zusammengelebt, die an der Humboldt-Uni studiert haben soll, dann aber doch nach Frankreich zurückgegangen sei.
Scheffke [sic] erzählte ferner, daß er vor einiger Zeit zum MdI geladen gewesen wäre, was er gleichsetzte mit der Staatssicherheit und wäre dort nach verschiedenen Dingen befragt worden. Er hätte den Eindruck gewonnen, daß das Gespräch keinen konkreten Zweck verfolgte, sondern nur der Information halber geführt worden sei. Er sei gefragt worden, ob er bereit sei, diese Gespräche fortzusetzen, dieses abgelehnt habe. Vorher habe er sich mit Carlo abgesprochen, dem er

auch an dieser Stelle die Rolle des Erfahrereren einräumte. Wenn er nach einem bestimmten Zeitraum nicht wieder dagewesen sei, hätte Carlo "einiges in Bewegung gesetzt", was aber nicht weiter untersetzte. Scheffke [sic] erläuterte auch den Transport der Literatur: Das Material würde von Meinrad Bauer an eine Kontaktadresse in Berlin-West geschickt, diese würden solange sammeln, bis 2 Plastesäcke voll seien, einzelne Päckchen mit dem entsprechenden Vornamen versehen. Mittels eines Diplomatenfahrzeuges würde dieses dann zu Scheffke [sic] kommen. Nach den Zeitschriften, die in der Wohnung herumlagen, das reichte vom aktuellen "Spiegel" bis zu den "Anzeigen von 2001" sowie Zeitschriften der sogenannten "Gesellschaft für Menschenrechte". Einiges Material sei vorgesehen, weiter an den Uhlig, Wolfgang zu senden, der eine Diplomarbeit zur Friedensbewegung in den USA schreibt.
Für den Abend gab es unterschiedliche Vorschläge. Carlo wollte zu einer Jazzveranstaltung, welche etwas außerhalb Berlins stattfand, er dann dorthin auch allein fuhr mit seinem "Trabant".
Der Rest brach dann auch auf, um dann in einer Gaststätte nahe der Friedrichstr. nochmals einzukehren. Scheffke [sic] hat das Gepäck der BRD-Leute in seinem PKW "Trabant". Gegen 23.30 Uhr begaben sich alle 8 Personen zu Fuß Richtung Grenze Friedrichstr.. Auf der Friedrichstr. wurden wir dann durch einen Streifenwagen der VP kontrolliert. Der Wachtmeister trat in einem sehr barschen und arroganten Ton auf. Die BRD-Leute bekamen ihre Pässe sofort zurück, die DDR-Bürger wurden dann noch einzeln befragt, wie wir uns kennengelernt hätten und bei wem wir eigentlich zu Besuch seien. Scheffke [sic] gab dabei nicht seine Berliner Wohnung an, sondern gab an, daß er in Eberswalde wohne und wir um 1.00 Uhr mit dem Zug nach Eberswalde fahren wollten. Die Wohnung, die z.Z. Scheffke [sic] bewohnt, gehört einem anderen Freund, der z.Z. bei

der NVA ist, der aber im Herbst wiederkommt. Scheffke [sic] wird dann ev. zu "Carlo" ziehen oder auch zu einer anderen Adresse. Die PA-Nummern wurden über Funk an die Zentrale übermittelt. Nach ca. 10 Minuten konnten wir weitergehen. Meinrad Bauer war an dieser Stelle recht ruhig, wer sich noch am meisten aufregte, war Jürgen.
Meinrad Bauer, Scheffke [sic], die Bibliothekarin und ich gingen dann in Scheffkes [sic] Wohnung zurück. Dort fand noch ein längeres Gespräch statt, es wurde noch allerhand Wein getrunken, wobei Bauer doch voll mithielt. Scheffke [sic] erzählte dort davon, daß sie (Carlo und er) in Bad Saarow an einer Veranstaltung von Anthroposophen teilgenommen hatten, die sich vorwiegend selbst "versorgten". In diesem Rahmen berichtete er auch über die bereits ausgeführten Hinweise zur Öko-Bibliothek.
Meinrad Bauer hatte eigentlich vor, am Sonntag einen Gottesdienst zu besuchen, jedoch verschlief er den Vormittag fast gänzlich. Beim Frühstück am Sonntag war Scheffke [sic] relativ ruhig, überließ das Gespräch im wesentlichen Meinrad Bauer. Hier war auch die Stelle, wo Bauer die Angebote hinsichtlich der Literatur für mich machte. Gegen 12.30 Uhr verabschiedete ich mich. Beim Abschied meinte Scheffke [sic], daß er noch nie in KMStadt gewesen sei.
Die Radtour der BRD-Leute sollte ursprünglich mehrere Tage durch Mecklenburg führen mit Übernachtung auf verschiedenen Bauernhöfen, wo Scheffke [sic] Bekannte hat. Das war dann allerdings nicht so, worüber diese Leute doch etwas enttäuscht waren. In Waren/Müritz wurde beim Pfarrer übernachtet, bei diesem weilte gerade ein schwedischer Amtskollege, an der abendlichen Gesprächsrunde somit nur der Pfarrer und Scheffke [sic] aus der DDR zugegen waren. Ferner weilte dort auch der bereits genannte Australier. [...]

Gesprochen Axel Kern [IM Jens]

Im Vordergrund stand für unsere kleine Gruppe der Umweltschutz. Es gab zwar in der DDR ein Umweltministerium, aber in unseren Augen war es mehr ein Vertuschungsministerium. Die Bevölkerung erhielt praktisch keinerlei Informationen über den Zustand ihrer Umwelt. Für uns war klar, dass sich da was ändern musste. Aber wie wollten wir was ändern? Umweltdaten waren in der DDR ein Staatsgeheimnis. Wir hatten also gegensätzliche Vorstellungen, wir, die kirchlichen Friedens- und Umweltgruppen, und die anderen, das DDR-Umweltministerium. Letztere »mauerten«, und wir wollten das ändern. Selbst über den Atomreaktorunfall in Tschernobyl wurde die DDR-Bevölkerung nicht aufgeklärt. »Tschernobyl wirkt überall« wollte der Staat nicht wahrhaben. Jede Information über den Reaktorunfall aus der Sowjetunion wurde zurückgehalten. Wo doch Michael Gorbatschow gerade erst zu »Glasnost« (Offenheit, Transparenz und Öffentlichkeit) und »Perestroika« (Umbau, Umgestaltung und Umstrukturierung) aufgerufen hatte. Am 2. Mai 1986 schrieb die *Junge Welt* (die SED-Jugendzeitung): »Westliche Panikmache soll von Friedensinitiativen ablenken«. Die DDR-Genossen spielten die Katastrophe weiter runter. Wir bezogen unser Wissen fast ausschließlich aus dem West-Fernsehen.

Alexander, den ich auf einer meiner Tramp-Touren durch Ungarn kennengelernt hatte, kam aus West-Berlin, er arbeitete mit Greenpeace in Hamburg zusammen. Die Umweltschützer wollten nachweisen, dass damals in den Lebensmitteln Radioaktivität messbar war. Er fuhr durch die kleine DDR und kaufte in Zeitz, Bautzen, Hoyerswerda und Eberswalde jeweils Fleisch, Milch und Kopfsalat ein. Außerdem sammelte er Grasproben am Straßenrand. Auf manchen dieser hektischen Touren begleitete ich Alexander. In Hamburg wurde das Material untersucht, es stellte sich als belastet heraus. Diese Nachricht schaffte es in die ARD-Tagesschau, und so wurden auch die Bürger in der DDR informiert.

Im Sommer 1986 wollte ich diese Situation nicht mehr hinnehmen, ich wollte radikaler werden, die Bevölkerung aufrütteln, schlicht und einfach die Situation verändern. Also suchten wir eine andere kirchliche Gemeinde, die unsere Ziele, Veränderungen in der DDR zu erreichen, stärker unterstützte.

UMWELTBIBLIOTHEK IN BERLIN UND DIE ERSTEN VERBOTENEN BILDER

Am 2. September 1986 gründeten wir, zehn Freunde, in Berlin-Mitte in zwei Kellerräumen der Zionskirchengemeinde in der Griebenowstraße 15/16 die Umwelt-Bibliothek (UB). Ich konnte an diesem Tag leider nicht, Carlo zieht mich noch heute damit auf. Pfarrer Simon, ein bärtiger, Pfeife rauchender Geistlicher, stellte uns die Kellerräume zur Verfügung. Sein Motto war: »Kirche darf nicht für sich selbst da sein, sie muss mit ihren Aktivitäten in die Gesellschaft hineinwirken«.

Einer der beiden Kellerräume der Umwelt-Bibliothek (UB)

Den Schimmel in beiden Räumen übersahen wir großzügig, wir waren froh, überhaupt einen Unterschlupf gefunden zu haben. Nur wenig später hatten wir uns schon zu einem ernst zu nehmenden Oppositionszentrum entwickelt. Informationen sammeln, weitergeben und aufklären, das waren unsere wichtigsten Anliegen, dazu gehörte auch Bücher zu besorgen, möglichst täglich die *taz*, eine linke Tageszeitung aus West-Berlin, zu organisieren, möglichst wöchentlich auch den *Spiegel*. Wichtig war für uns vor allem die Vernetzung der vereinzelt arbeitenden Umweltgruppen aus der ganzen DDR. Wir produzierten ein monatliches Pamphlet, zehn bis zwanzig DIN A4 Seiten, mit einer alten Druckmaschine per Hand abgezogen, die *UB-Blätter*. Die Auflage betrug anfangs zirka 150 Stück. Wir beschäftigten uns mit der katastrophalen Umweltzerstörung, dem Waldsterben, den Giftmülldeponien, Tschernobyl; mit den alten und neuen Nazis in Berlin, Dresden und anderswo; der Teilung Deutschlands; den Ausreisewilligen, die die DDR verlassen wollten, und dem Weltfrieden im Kalten Krieg.

Unsere Druckmaschine

Die UB-Blätter wurden von den mit uns vernetzten Umweltgruppen aus der ganzen DDR abgeholt, schnell waren die wenigen Exemplare vergriffen. Wir druckten zu wenig, die Nachfrage war größer, aber aus unserer alten Technik war nicht mehr herauszuholen. Die Seiten wurden

...rchliche Information

umweltBlaetter

INFO-Blatt des Friedens- und Umweltkreises Zionskirchgemeinde

Umweltbibliothek Griebenowstraße 16 Berlin 1058

KÜ/UB
12/88
Dezember 88

CARL v. OSSIETZKY:

das risiko eine eigene meinung zu haben...

Solidarität mit den bestraften Schülern

In unserer kleinen Reihe großer Klassikerzitate:

(...)

Die Pflicht des Lehrers – Seine Pflicht und sein ihm vom Staat überantworteter Beruf ist es, in dem jungen Knaben die rohen Kräfte und Begierden der Natur zu bändigen und auszurotten und an ihre Stelle stille, mäßige und staatlich anerkannte Ideale zu pflanzen. Wie mancher, der jetzt ein zufriedener Bürger und strebsamer Beamter ist, wäre ohne diese Bemühungen der Schule zu einem haltlos stürmenden Neuerer oder unfruchtbar sinnenden Träumer geworden! Es war etwas in ihm, etwas Wildes, Regelloses, Kulturloses, das mußte erst zerbrochen werden, eine gefährliche Flamme, die mußte erst gelöscht und ausgetreten werden. Der Mensch, wie ihn die Natur erschaffen hat, ist etwas Unberechenbares, Undurchsichtiges, Gefährliches. Er ist ein von unbekanntem Berge herbrechender Strom und ist ein Urwald ohne Weg und Ordnung. Und wie ein Urwald gelichtet und gereinigt und gewaltsam eingeschränkt werden muß, so muß die Schule den natürlichen Menschen zerbrechen, besiegen und gewaltsam einschränken; ihre Aufgabe ist es, ihn nach obrigkeitlicherseits gebilligten Grundsätzen zu einem nützlichen Gliede der Gesellschaft zu machen und die Eigenschaften in ihm zu wecken, deren völlige Ausbildung alsdann die sorgfältige Zucht der Kaserne krönend beendigt. (...) Hermann Hesse: Unterm Rad

zusammen geklammert und trugen den Aufdruck »Innerkirchliche Information«. Damit wurde das Blatt zu einer Kirchenzeitung und somit legalisiert. Später bekamen wir besseres Material, Pelikan-Tusche und Geha-Matrizen von drüben, wofür wir dringend

Café der Umwelt-Bibliothek und Veranstaltungsraum

Westgeld benötigten. Ich wollte meist nicht genauer wissen, wer es woher organisiert hatte, mir reichten meine eigenen Erfahrungen.

Später kam die UB-Galerie dazu. Wir veranstalteten Diskus-

Carlo Jordan in der UB-Galerie, links daneben: Lutz Rathenow

sionsabende, Lesungen, Ausstellungen und kleine Konzerte. Künstler, die nirgendwo in der DDR auftreten durften, waren bei uns willkommen. Oft musste die Bibliothek bei den Konzerten wegen Überfüllung geschlossen werden. Drei Tage in der Woche war geöffnet. Es wurde angeboten, was es eben sonst nicht in DDR-Buchläden, im »Volksbuchhandel« zu lesen gab.

Diese Dinge und Sachen, die es offiziell nicht gab, aufzutreiben, setzte eine sehr zeitaufwendige Organisation voraus. Da ich als Ober-Bauleiter gearbeitet hatte, hatte ich etliche Erfahrung in dieser Beziehung. Zusätzlich machte ich mich mit meinem Trabant Kombi – für damalige Verhältnisse hatte dieser einen sehr großen Kofferraum – fast unentbehrlich. Soweit ich mich erinnere, gab es nur zwei Transportfahrzeuge bei uns, der zweite war der Trabant von UB-Gründungsmitglied Carlo. Natürlich wurden wir von der Stasi beobachtet, verfolgt, vorgeladen und manchmal auch verhaftet. Die Geheimpolizisten nannten diese Zuführungen auch »Befragungen«, die in der Keibelstraße oder der Magdalenenstra-

Observierungsfotos der Stasi. Oben: Anlässlich einer Veranstaltung der »Initiative Frieden und Menschenrechte«, 1987, und nach einem Buchkauf, 1988

ße stattfanden. Letztendlich wollten die Schlapphüte Angst verbreiten und klar stellen, dass am Machtmonopol im Arbeiter- und Bauernstaat nicht zu rütteln sei.

Noch heute werde ich gefragt: «Hatten Sie damals nicht Angst?«.

000048

3.2. Aktivitäten des Schefke innerhalb des "Redaktionskreises" der"UB" sowie Betätigung in anderen Wirkungsbereichen PUT

Schefke konnte sich durch die regelmäßige Realisierung verschiedener notwendiger Arbeiten wie Bibliotheksdienste und Cafébetrieb eine gute Position innerhalb des "Redaktionskreises"verschaffen. In dieses Gremium wurde er durch den operativ bekannten

Jordan, Karl-Heinz
KD Prenzlauer Berg

eingeführt. Die Freundschaft zwischen Jordan und Schefke resultiert aus gemeinsamen Aktivitäten im inzwischen nicht mehr existierenden "Ökologiekreis Friedrichsfelde".

Eine thematische Spezialisierung im Rahmen der der eigentlichen Umweltschutzproblematik ist derzeit bei Schefke nicht erkennbar. Hier wird deutlich, daß Schefke, ausgehend von seiner feindlich negativen Haltung zu den gesellschaftlichen Verhältnissen in der DDR, seine Mitarbeit im"Redaktionskreis" der "UB" zu umfangreichen feindlichen Aktivitäten gegen die DDR nutzt.

In den Sitzungen des"Redaktionskreises" tritt Schefke dafür ein, daß die derzeitig maßgeblich von Jordan und Rüddenklau praktizierten Organisationsformen durch eine straffere Führung sowie konkrete Verantwortlichkeiten verbessert werden. Aufgrund dieser Forderungen kommt es bei den Sitzungen desöfteren zu Spannungen mit Rüddenklau, da dieser durch derartige Äußerungen und Aktivitäten seine "Vormachtstellung" innerhalb des "Redaktionskreises" gefährdet sieht. (Bericht IMB "R. Schuhmann" vom 27.05.87)

Im Berichtszeitraum konzentrierten sich die Aktivitäten des Schefke mit auf die Organisierung und Mitdurchführung von durch den "Redaktionskreis" geplanten Veranstaltungen. So war er mitverantwortlich für die Organisation

- der Veranstaltung Ziviler Ersatzdienst - packen wir es an" am 23.04.87,
- der Lesung mit der operativ bekannten Schriftstellerin Monika Maron vom 28.05.87,
- eines Punkkonzertes im Saal der Zionskirche vom 16.06.87,
- des Vortrages "Pazifismus um 1900" vom 30.06.87,
- des Punkkonzertes am 17.10.87 im Saal der Zionskirche,
- des sogenannten "IV. Berliner Ökologieseminars" in en Räumlichkeiten der Zionskirchgemeinde vom 27. - 29.11.87.

Kennzeichnend für die Aktivitäten Schefkes hierbei ist der Fakt, daß er sich ausschließlich mit organisatorischen Fragen befaßt und in keiner Weise inhaltliche Beiträge einbringt.

Auszug aus der Akte OV »Satan« zu den Aktivitären von Siegbert Schefke innerhalb der UB, Stand 1. März 1988

Klar hatte ich die. Wer das nicht zugibt, ist ein Feigling. Aber irgendwie musste sie überwunden werden. Es war natürlich ein täglicher Entwicklungsprozess, und jeder von uns ging anders mit seiner Angst um. Viele Aktivitäten der Stasi ahnten wir, verdrängten wir. Ich erfuhr vieles erst 1992/93, als ich meine Stasi-Akte einsah.

Eine Zäsur stellte der Überfall der Staatssicherheit am 24. November 1987 dar. Sie wollten uns nachweisen, dass wir illegal in dieser Nacht druckten und zwar nicht »Nur zum Innerkirchlichen Gebrauch«. Sieben von uns wurden verhaftet. Wir reagierten mit Mahnwachen und Fürbitte-Andachten. Wer uns bis dahin nicht kannte, dem wurden wir jetzt bekannt. Die West-Medien berichteten, und da 95 Prozent der DDR-Bürger West-Fernsehen empfangen konnten, verbreiteten sich die Nachrichten über die Sta-

Protestplakat in der Zionskirche, November 1987

Fürbitte-Andacht in der Zionskirche, November 1987

si-Aktion schnell im ganzen Land. Welch ein Super-Gau für die Geheimpolizei. Pfarrer Simon und die Gemeinde samt Kirchenleitung standen hinter uns. Die Inhaftierten wurden schließlich freigelassen. Ein Sieg für alle Friedens- und Umweltgruppen in der DDR.

Zu der Zeit lernte ich auch Roland Jahn kennen. Die Zionskirchengemeinde hatte uns ein Telefon zur Verfügung gestellt. Privat hatte fast keiner von uns einen Telefonanschluss. Das war so üblich in der Mangelwirtschaft der DDR. Ich hatte Telefondienst. Roland rief an, wir kamen ins Gespräch. Er war das Bindeglied zwischen uns und den für uns so wichtigen West-Medien, er kannte auch Leute vom West-Fernsehen. Einer war Peter Wensierski, der bereits seit den achtziger Jahren über Umweltsünden und über das »andere, unangepasste« Leben in der DDR berichtete. 1984 schrieb er »Null Bock auf DDR – Aussteigerjugend im anderen Deutschland«. Zwei Jahre später kam »Von oben nach unten wächst gar nichts – Umweltzerstörung und Proteste in der DDR« dazu. Klar, dass beide Bücher in der UB zum Lesen auslagen.

Schnell entstand eine Vertrautheit zwischen Roland und mir, eine Vertrautheit, die es sehr selten im Leben gibt. Roland war 1983 zwangsausgebürgert worden. Er war Mitbegründer der oppositionellen Friedensgemeinschaft in Jena und zu 22 Monaten Haft verurteilt worden wegen »öffentlicher Herabwürdigung der staatlichen Ordnung« und »Missachtung staatlicher Symbole«. Er saß im Gefängnis in Gera. Seinen Freund, Matthias Domaschk, hatten sie ebenfalls inhaftiert. Er wurde nach drei Tagen erhängt in seiner Zelle aufgefunden. Bis heute ist nicht geklärt, ob es Mord oder Selbstmord gewesen ist. Aber in jedem Fall ist es die Schuld der Stasi, denn wie schon Pfarrer Walter Schilling sagte: »Fakt ist, hätten sie Matthias nicht verhaftet, dann würde er heute noch leben.«

Roland saß fünf Monate in Einzelhaft, dann wurde er entlassen. In der Nacht vom 7. auf den 8. Juni 1983 brachte die Geheimpolizei Roland zum Bahnhof. Sie sperrten ihn in ein Zugabteil und fixierten ihn mit Knebelketten an der Heizung. Der Zug fuhr nach Bayern, erst im Westen konnte Roland von einem Schaffner befreit werden.

Es war eine Zwangsausbürgerung. Er lebte nun in West-Berlin, arbeitete als Journalist fürs Radio und fürs Regionalfernsehen West-Berlin. Er wollte keine Rache, sondern Gerechtigkeit. Wir dachten über Aktionen nach und wie es weiter gehen sollte. Schnell entwickelten wir eine Geheimsprache, die nur wir beide verstehen sollten. Alle Frauen waren Männer und umgekehrt. Bärbel Bohley, eine bekannte Oppositionelle, hieß bei uns zum Beispiel »der Italiener«.

Wir wollten mehr Menschen erreichen. Aber wie? In der linken Zeitung *taz* gab es ab und zu eine ganze »Ost-Berlin-Seite«. Geschichten von und über uns waren da zu lesen. Unter meinen Fotos stand nicht Siegbert Schefke, sondern Sieglinde Scharf. Ich traute mich nicht, mit meinem Namen da aufzutauchen, und fand

BStU

000047

KOPIE BStU

6

Bei der Aufklärung der Verbindungspersonen Schefkes im Operationsgebiet konnte erarbeitet werden, daß diese koordiniert und abgestimmt mit Schefke zusammenwirken. In Auswertung vorliegender Informationen wird deutlich, daß Roland Jahn im Zusammenwirken mit den operativ bekannten Personen

Gehrke, Brigitte	BV Berlin, AG XXII
[redacted], [redacted]	BV Berlin, AG XXII
Rosenthal, Rüdiger	BV Berlin, Abt. XX/7

sein Verbindungssystem zu Schefke unterhält. Dies zeigte sich insbesondere bei der Organisierung des Verbringens der Tonbandkassette für "Radio Glasnost" im Dezember 1987. (siehe Inf. der Abt. 26 Nr. A 6265/87/14/87 und Nr. A 6258/87/30/87 v. 27. und 28.12.88 sowie IM-Bericht der Abt. XX/4 vom 12.01.88)

Ein weiterer operativ bedeutsamer Kontakt besteht zwischen Schefke und dem Westberliner Bürger

[redacted], [redacted]
BV Berlin, Abt. XX/2.

Bei Lamberty handelt es sich um einen Studenten der Freien Universität Westberlin, Fachrichtung Germanistik und Amerikanistik. Nebenberuflich arbeitet Lamberty als Redakteur für die "TAZ". In dieser Eigenschaft publiziert er seit 1987 unter dem Pseudonym "Brian Schuster" Artikel für die sogenannte "Ostberlin-Seite" der "TAZ". Schefke liefert ihm hierzu konkrete inhaltliche Beiträge. Konkret tätigte Schefke innerhalb des"Redaktionskreises" der "UB" Äußerungen, daß er den in einer Novemberausgabe der "TAZ" erschienenen Artikel über "Neofaschismus in der DDR" (liegt im Original vor) einschließlich des dazugehörigen Bildmaterials selbst gefertigt und über Lamberty die Veröffentlichung in der "TAZ" organisiert habe. Von dem Erlös der Veröffentlichung schaffte sich Schefke nach eigenen Angaben seine Kamera vom Typ "Nikon" (Wert ca. 2.000 DM/DBB) an. (siehe IM-Bericht "Markus Hirsch" vom 13.11.87 und IM-Bericht der KD Mitte vom 03.12.87)

Zur weiteren Aufklärung des Charakters und des Inhaltes der Verbindung des Schefke zu Lamberty sowie zur Schaffung offiziell auswertbarer Beweise wurden zu Lamberty Reisefahndungs-, Zollkontroll- und Beobachtungsmaßnahmen eingeleitet.

Zu einer Vielzahl weiterer Kontaktpersonen des Schefke im Operationsgebiet wurden im Rahmen der bisherigen Bearbeitung entsprechend der jeweiligen Beweislage differenziert Reisesperr-, Reisefahndungs-, Zollkontroll-, und Beobachtungsmaßnahmen eingeleitet. Richtlinie hierbei war, entsprechend der DA 2/85 des Gen. Minister, die Strategie einer wirksamen Kontaktunterbrechung, insofern die Beweislage dies gestattete.

Auszug aus der Akte OV »Satan«, März 1988

den Namen witzig. Aber welcher DDRler kam schon mal an eine *taz*? Dann kam Radio dazu. Es gab in der Potsdamer Straße 44

Rüdiger Rosenthal vor seiner Ausreise am 7. Juli 1987, S-Bhf Friedrichstraße

seit März 1987 den privaten, alternativen Sender *Radio 100,* Redakteur Dieter Rulff. Da konnten Roland, Rüdiger Rosenthal und andere Exil-DDRler jeden Monat eine Stunde senden. »Radio Glasnost jeden letzten Montag im Monat. UKW 100,6, 21 Uhr«.

Der Sender war in ganz Berlin und im Umland zu empfangen. Ich bekam ein professionelles Aufnahmegerät mit einem normalen Mikrofon und einem langen Richtmikro, mit dem ich die Reden bei Gottesdiensten aufnahm, Reden, die politischen Inhalt hatten, aber auch Resolutionen und Gespräche. Jeden letzten Montag im Monat hingen wir vorm Radio und waren gespannt, was gesendet wurde. Unterbrochen wurden die Wortbeiträge mit der in der DDR verbotenen Musik bzw. mit Musik, die nicht im DDR-Rundfunk gesendet wurde. Es sprach sich schnell herum, und so bekam ich jede Menge Musikkassetten mit selbst aufgenommenen Songs. *Herbst in Peking, Feeling B, Sandow* (gründe-

2. Im Dezember 1987 wurde auf Initiative von Jahn und unter maßgeblicher Mitwirkung der operativ bekannten Führungskräfte PUT

Wollenberger, Vera	BV Berlin, Abt. XX/4
Kulisch, Uwe	BV Berlin, Abt. XX/2
Münz, Konstantin	BV Berlin, Abt. XX/2

ein Sendebeitrag für die feindlich-negative Sendereihe "Radio Glasnost" erarbeitet (Inhalt ist bekannt, wurde am 28. Dezember 1987 gesendet). Zur Organisierung des Verbringens der in der DDR fertiggestellten Tonbandkassette setzte sich Jahn mit dem operativ bekannten

Hirsch, Ralf
BV Berlin, Abt. XX/4

in Verbindung, der ihn darüber informierte, daß die Verbringung der Kassette nach Westberlin durch Schefke organisiert wird. Schefke setzte sich von der Wohnung der Wollenberger aus mit der operativ bekannten WB-Bürgerin

Gehrke, Brigitte
BV Berlin, AG XXII

in Verbindung und beauftragte sie, einen Kurier, der möglichst mit einem Kfz mit eingebautem Autokassettenrekorder sowie mit möglichst viel dazugehörigen Kassetten zu ihm zu schicken. Offenbar gelang die Verbringung der Kassette auf diesem Wege, denn am 18. Dezember teilte Jahn Schefke mit, daß alles geklappt habe, "die Qualität der Musikaufnahmen allerdings mangelhaft sei." (Information der Abt. 26 Nr. A 6265/87/14/87 vom 27. 12. 87 und Nr. A 6258/87/30/87 vom 28.12.87 sowie Information der Abt. XX/4 vom 12.01.88)

3. In einer am 08. Januar 1988 erfolgten Kontaktaufnahme teilte Jahn Schefke mit, daß für den "für die Verbesserung des Tones" geäußerten Wunsch schon etwas entsprechendes unterwegs sei er aber"noch nicht sagen kann, wann es ankommen wird." Diese Äußerungen bezogen sich offenbar auf die Beschaffung hochwertiger tontechnischer Geräte, um die Qualität der Tonaufzeichnungen für die Beiträge von "Radio Glasnost" zu erhöhen. (Information der Abt. 26 Nr. A 6258/87/10/88 sowie IM-Information der Abt. XX/4 vom 12.01.88)

4. Bei einer Kontaktaufnahme am 14. Januar 1988 tauschten sich Jahn und Schefke darüber aus, daß Schefke sich im Falle einer etwaigen Abwesenheit Jahns mit "wichtigen Sachen" an den operativ bekannten ehemaligen DDR-Bürger

Rosenthal, Rüdiger
BV Berlin, Abt. XX/7

wenden könne. Desweiteren teilte Jahn Schefke mit, daß sich dieser bei Hirsch einige Exemplare der "TAZ" sowie ein Mikrofon (offenbar für die Verbesserung der Tonqualität der o. g. "Glasnost"-Sendungen) abholen könne. (Information der Abt. 26 Nr. A 6258/87/13/88 vom 14.01.88)

Auszug aus der Akte OV »Satan«, März 1988

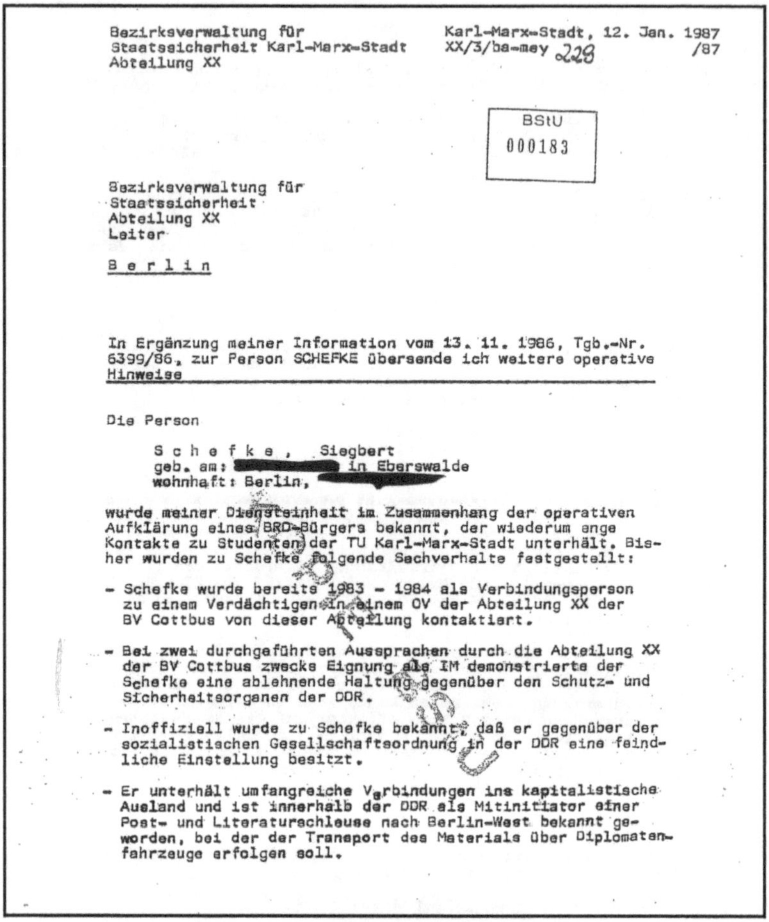

Bezirksverwaltung für
Staatssicherheit Karl-Marx-Stadt
Abteilung XX

Karl-Marx-Stadt, 12. Jan. 1987
XX/3/ba-mey 228 /87

BStU
000183

Bezirksverwaltung für
Staatssicherheit
Abteilung XX
Leiter

B e r l i n

In Ergänzung meiner Information vom 13. 11. 1986, Tgb.-Nr. 6399/86, zur Person SCHEFKE übersende ich weitere operative Hinweise

Die Person

S c h e f k e , Siegbert
geb. am: [redacted] in Eberswalde
wohnhaft: Berlin, [redacted]

wurde meiner Diensteinheit im Zusammenhang der operativen Aufklärung eines BRD-Bürgers bekannt, der wiederum enge Kontakte zu Studenten der TU Karl-Marx-Stadt unterhält. Bisher wurden zu Schefke folgende Sachverhalte festgestellt:

- Schefke wurde bereits 1983 - 1984 als Verbindungsperson zu einem Verdächtigen in einem OV der Abteilung XX der BV Cottbus von dieser Abteilung kontaktiert.
- Bei zwei durchgeführten Aussprachen durch die Abteilung XX der BV Cottbus zwecks Eignung als IM demonstrierte der Schefke eine ablehnende Haltung gegenüber den Schutz- und Sicherheitsorganen der DDR.
- Inoffiziell wurde zu Schefke bekannt, daß er gegenüber der sozialistischen Gesellschaftsordnung in der DDR eine feindliche Einstellung besitzt.
- Er unterhält umfangreiche Verbindungen ins kapitalistische Ausland und ist innerhalb der DDR als Mitinitiator einer Post- und Literaturschleuse nach Berlin-West bekannt geworden, bei der der Transport des Materials über Diplomatenfahrzeuge erfolgen soll.

Aus der Akte OV »Satan«

ten sich 1982 in Cottbus), *Freygang* (gegründet 1977 unter dem Motto »Der Blues muss bewaffnet sein«), *Die Firma* (wie die Stasi im Volksmund hieß – die Band wollte sie wohl mit der Namensgebung auf die Schippe nehmen) und andere waren jetzt im Radio zu hören. Dazu mussten die Kassetten über die Grenze geschmuggelt werden, und auch das wollte organisiert sein.

000184

2

- Es konnten Hinweise erarbeitet werden, wonach der Schefke aktiv in Ökologiegruppen der Hauptstadt der DDR integriert ist und maßgeblich als Organisator von Öko-Seminaren in Erscheinung trat.

Diese vorliegenden Informationen wurden inoffiziell erarbeitet und sind nicht überprüft. Entsprechend Ihrer Erfassung bitte ich um Mitteilung, welche Erkenntnisse zu nachfolgenden Sachverhalten in Ihrer Diensteinheit vorliegen:

- Welche NSW-Kontakte wurden bisher bei Schefke festgestellt? Kann eine Personifizierung der Kontaktpersonen in Berlin-West und München/BRD erfolgen?

- Sind ebenfalls Kontakte zu Friedens- und Öko-Gruppen aus Badeborn/BRD und Heilbronn/BRD bekannt und welche Aktivitäten erfolgten bisher durch Schefke?

- Liegen Hinweise vor, wonach der Schefke bereits an militärischen Objekten festgestellt wurde bzw. gezielt mit Bekannten Ausflüge mit Fahrrädern in die Nähe von militärischen Sperrgebieten unternahm?

- Liegen in Ihrer Diensteinheit Hinweise über die Bezugspersonen des Schefke

  BAUER, Meinrad
  BRD/Heilbronn
  erfaßt BV Kmst., Abt. XX

  BAIER, Jürgen
  BRD/Heilbronn
  erfaßt [redacted]

  sowie eines engen Bekannten aus der DDR mit Spitznamen Carlo vor?

Bei der Realisierung der gestellten Fragestellungen und der Auswertung dieser Information ist unbedingter Quellenschutz erforderlich.

Leiter der Abteilung

i.V.

Eichler
Oberstleutnant

Da fast in der gesamten DDR West-Fernsehen zu empfangen war, überlegten wir, wichtige Ereignisse mit einer Videokamera zu filmen, das sollte meine Aufgabe sein, das Material musste in den Westen gelangen und dort sollten dann Roland Jahn und Peter Wensierski das gedrehte Material bearbeiten und senden. Aber wie gelangten Kamera, Mikros, Stativ und Videokassetten aus West-

Berlin zu mir nach Ost-Berlin? Mauern können Menschen trennen, aber Waren können geschmuggelt werden. Also mussten wir Menschen kennen lernen, die diese Mauer ohne Kontrolle passieren konnten, etwa Journalisten oder Diplomaten. Natürlich durften sie keine finanziellen Forderungen stellen, sondern aus Sympathie für unsere Sache mitmachen.

Wir fanden Journalisten wie Ulrich Schwarz vom *Spiegel*, Karl-Heinz Baum von der *Frankfurter Rundschau* und Ingomar Schmelz von der Nachrichtenagentur *AP*. Alle drei waren in Ost-Berlin akkreditiert und wurden nicht kontrolliert. Wir stellten uns ein Tauschgeschäft vor. Die drei, Ulrich, Karl-Heinz und Ingomar, wollten Informationen über die Zustände im Land, die konnte ich liefern. Und ich wollte meine Kassetten mit dem brisanten Filmmaterial zu Roland bringen lassen, der inzwischen auch beim *Sender Freies Berlin, SFB*, heute *RBB*, arbeitete. Schon damals gab es das Politikmagazin »Kontraste«. Der damalige Redaktionsleiter Jürgen Engert wurde 1936 in Dresden geboren. Auch Engert war nach dem Abitur, 1954, ein Studienplatz verweigert worden. Die Mauer gab es noch nicht, und Engert ging in den Westen.

Und dann, ganz wichtig, hatte ich 1987 Aram Radomski in der Umwelt-Bibliothek kennengelernt. Aram sollte schon als 15-jähriger von der Stasi angeworben werden. Er sollte seinen Vater, den kritischen DDR-Schriftsteller Gert Neumann, ausspionieren. Aram lehnte ab. Im Februar 1983, Aram war gerade zwanzig Jahre alt, wurde er zusammengeschlagen. Er wusste nicht, dass die Schläger Stasi-Mitarbeiter waren, er wurde als Täter verhaftet und wegen staatsfeindlicher Hetze zunächst zu dreizehn, in der Berufungsverhandlung zu sechs Monaten Haft verurteilt. Das gehörte zum Zersetzungsplan der Stasi gegen seinen Vater. Im Gefängnis Zeithain traf er viele jugendliche Gleichgesinnte, die wie er aus politischen Gründen verurteilt worden waren – und er beschloss, sich gegen das SED-Regime zu wehren. Als ich ihn fragte, ob er mitmachen würde, lautete seine Antwort: »Das ist genau mein Ding.«

Aram war Fotograf, hatte eine Dunkelkammer und für die UB die Plakate für unsere Veranstaltungen gemacht. Wir ergänzten uns perfekt und beschlossen, die heimliche Arbeit mit der Videokamera durchzuziehen. Wir, Roland Jahn, Aram Radomski, Jürgen Engert und ich verfolgten das gleiche Ziel. Wir wollten diesen Unrechtsstaat bloßstellen, verändern und letztendlich beseitigen. Die Stasi-Genossen dagegen wollten uns »brechen« und zerstören, letztendlich erreichten sie genau das Gegenteil.

Aram Radomski

Mit Roland telefonierte ich nun fast täglich. Als Oberbauleiter hatte ich eine Sekretärin, die nicht nachfragte, was ich so alles neben und während der Arbeit machte. Und: Ich hatte ein Telefon »uff Arbeit«, wie man in Berlin so sagt. Ich war erreichbar.

Im WBK Berlin (Wohnungsbaukombinat) war ich für die Fugen in den fertigen Plattenbauten zuständig, die, verursacht durch eine falsche Berechnung der Belastung, regelmäßig nach einer gewissen Zeit undicht wurden. Dieser Fehler zog sich durch hunderte, vielleicht auch tausende Plattenbauten in Berlin-Marzahn und Hellersdorf. Ich war Chef von 56 Arbeitern und drei Meistern, die die fehlerhaften Giebelfugen wieder in Ordnung bringen mussten. Dabei saß ein Arbeiter auf einer Planke, mit einem Seil abgesichert, das von zwei anderen Arbeitern gehalten wurde, und stopfte im Sitzen Dichtungsmasse in die Fugen. Ich machte dann den Übergabetermin mit dem Auftraggeber, in der Regel um neun Uhr, und einen anderen Termin spätestens um dreizehn Uhr. Ich war ja mit meinem Trabant sehr schnell von Baustelle zu Baustelle unterwegs und Fahrzeiten wurden nicht überprüft. Zwischen zehn und zwölf Uhr war ich also zuverlässig im Büro erreichbar. Roland und die anderen wussten Bescheid. Oft verfolgte mich die Stasi, lauschte unter meinem Bürofenster, wartete auf mich, wenn ich zur Baustelle fuhr. Meine Arbeiter und die Meister wunderten sich über meine Begleitung, aber fragten nicht nach den Gründen. Der eine oder andere ahnte mein Treiben vielleicht. Einer sagte mal zu mir: »Du hast es gut, du hast keine Kinder. Wenn sie dich einsperren, musst du dir darüber keine Gedanken machen«. – Eine Frau aus der Umweltbibliothek mit zwei Kindern dachte darüber ganz anders: »Ich mache hier mit, damit meine Kinder nicht in dieser DDR, in dieser Diktatur aufwachsen müssen.«

Mit Roland besprach ich vom Diensttelefon aus, was thematisch brisant sein könnte. Es mussten Themen gefunden werden, die sich auch umsetzen ließen und die den Genossen wehtun sollten.

Es war am 17. Oktober 1987. In der Zionskirche organisierten wir ein Punkkonzert. Die Kirche war auch schon damals in einem sehr »weltlichen« Zustand, unverputzte Wände, wenige Kirchenbänke, viel Platz. Wir rechneten mit sehr vielen Besuchern. Und sie kamen! Darunter unzählige Punks. Heute wissen wir, dass es zweitausend Menschen waren. Die Kirche war brechend voll. Ich hatte dafür zu sorgen, dass die Punks nicht in der Kirche rauchten. Eine sehr nervige Aufgabe. Ich nahm sie aber ernst, schlängelte mich durch die Besucherreihen und alle dreißig Minuten war mein Eimer mit Kippen voll.

Die Ost-Berliner Band *Die Firma* und die West-Berliner Band *Element of Crime* spielten und gaben mit provisorischer Technik ihr Bestes. Es war für alle etwas Besonderes. Nach dem Konzert musste Sven Regener mit seinen Musikern wieder rüber nach West-Berlin. Wir anderen machten Ordnung. Und dann passierte es. Mit tosendem Gebrüll drangen so an die zwanzig bis fünfundzwanzig Skinheads in die Kirche ein und prügelten auf alles ein, was sich bewegte und was sich ihnen in den Weg stellte. Sie schlugen uns mit Eisenstangen, Knüppeln und Baseballschlägern. Im ersten Moment waren wir wie gelähmt, unfähig uns zu wehren. Doch wenige Sekunden später besann ich mich und fing an, uns zu verteidigen. Ich hatte es doch gelernt als ehemaliger Judoka! Also drei bis vier Glatzen umhauen und möglichst laut dabei brüllen. Nach zwei, drei Minuten war der Spuk vorbei. Es gab Verletzte, keine Toten. Vor der Kirche beobachteten Volkspolizisten aus sicherer Entfernung den Überfall. Sie griffen nicht ein. Wie sollten wir das einordnen?

Ich wusste bis zu diesem Tag nicht, dass offene rechtsradikale Gewalt in der DDR möglich sein konnte. Der Staat behauptete doch, der »bessere Teil« Deutschlands zu sein, ohne Nazis und »Rechte«. Er nannte sich doch »Antifaschistischer Staat«. Warum griffen die Volkspolizisten am 17. Oktober 1987 nicht ein?

Ich wollte mehr wissen und begann zu recherchieren. Ich redete mit Punks, mit kirchlichen Sozialarbeitern, oft konnte ich das Gehörte nicht glauben. Es gab nicht nur die rechten Skinheads, die uns in Berlin überfallen hatten. Es gab sie überall in der DDR. Darüber *musste* ich berichten.

Ein Freund wusste, dass sich die Skinheads immer sonntags um 15 Uhr in einer Kneipe am Frankfurter Tor trafen. Aber wie sollte ich mich mit meinen langen Haaren unauffällig unter die Nazis mischen? Ich überlegte lange und fasste einen Plan. Eines Sonntags hatte ich Besuch aus West-Berlin. Die Freunde kamen mit einem schönen, großen, weißen Mercedes, ein Coupé. Ich fragte den Fahrer, ob er mir mal seinen Benz für zwei, drei Stunden ausleihen könnte. Er hatte nichts dagegen, fragte nicht, wofür, dachte wohl, dass ich eine Frau damit beeindrucken wollte. Außerdem wollte ich seinen grünen Reisepass haben. Auch den rückte er, wenn auch zögerlich, heraus. Ich steckte diesen gut sichtbar in meine obere Jeansjackentasche, dazu einen Falk-Stadtplan.

Das war ein toller Schlitten. Ich fuhr vor, sie sahen mich durch das Kneipenfenster einparken. Das klappte ja schon mal. Ich betrat das Lokal und ging an ihren Tisch. Ungefragt erzählte ich, dass ich es super fände, dass es solche tollen Jungs wie sie in diesem beschissenen Staat DDR gebe. Das müsste doch die freie Welt erfahren. Ihre Augen leuchteten. Ich, der Wessi mit Kamera, interessierte sich für sie.

Am nächsten Tag traf ich mich mit ihnen. Einer sagte in meine Kamera: »Ich sehe mich nicht als Skinhead, ich bin ein Nazi. Hitler ist mein Vorbild. Wir warten nur drauf, losschlagen zu können.«

Was redeten sie da nur? Ich filmte nur ihre Lippen, Stiefel und Hände, nicht das Gesicht. Ich war Journalist und kein Geheimpolizist.

In jenen Tagen wurden auch Grabsteine auf dem Jüdischen Friedhof in Berlin, Prenzlauer Berg, Schönhauser Allee, umgestoßen. Zerstört lagen sie da. Auch das filmte Aram mit mir. Dann

Umgestürzte Grabsteine auf dem Jüdischen Friedhof,
Schönhauser Allee, Berlin, Prenzlauer Berg, 1988

Hoffest der UB

fuhren wir nach Dresden, suchten und fanden Nazischmierereien an Bushaltestellen. Warum wurden die nicht übermalt? Interessierte das die Genossen nicht?

Der Zehn-Minuten-Beitrag wurde im ARD-Magazin *Kontraste* gesendet [QR Code »Neonazis in der DDR« S. 157].

Heute weiß ich aus Stasi-Akten, dass manche Genossen sich damals sehr erregten, denn auch sie konnten nicht glauben, dass es rechte Skinheads in ihrem Land gab. Nur haben sie nichts oder nur sehr wenig gegen sie unternommen.

Auf der anderen Seite gab es eine offizielle Parteilinie, die unsere Aktivitäten mit denen der Neo-Nazis auf eine Stufe stellte. So schrieb ein Hardliner namens Schütt in der FDJ-Zeitung *Junge Welt* im Dezember 1987: »Der Feind, ob er nun mit missionarischem Eifer junge Literaten gegen uns losschickt, ob er nun in der Pose des Mahnwächters, stets pünktlich auf Bestellung mit Fernsehkameras, vor Kirchentore zieht, oder ob er Rowdys mit faschistischem Vokabular und Schlagwaffen ausrüstet – er hat bei uns keine Chance.«

ZWANZIGTAUSEND BRIEFE UND MEHR

Ein schönes Beispiel unserer Untergrundtätigkeit war die Brief-Aktion mit Greenpeace. Der Kontakt mit Aktivisten aus Hamburg bestand schon eine Weile, einige hielten Vorträge in der UB. Eines Tages kam der Vorschlag von Greenpeace, zwanzigtausend Briefe mit Umweltdaten über DDR-Flüsse, Waldsterben und die verpestete Luft an DDR-Bürger zu versenden. Ich sollte zwanzigtausend Briefumschläge und ebenso viele Zwanzig-Pfennig-DDR-Briefmarken »besorgen«. Natürlich möglichst unauffällig. Ich zog tagelang durch Geschäfte und Postämter der DDR-Hauptstadt und kaufte verschieden aussehende Umschläge und Briefmarken. In die Aktion waren auch Politiker der Grünen eingebunden – diese Partei war nämlich die einzige, die uns DDR-Oppositionelle unterstützte. Bundestagsabgeordnete wurden an der Grenze nicht kontrolliert. Das musste ausgenutzt werden. Es kamen: Wilhelm Knabe, gerade 95 Jahre alt geworden und bei bester Gesundheit, Petra Kelly, Gert Bastian, Lukas Beckmann, Heinz Suhr, Eva Quistorp, Karitas Hensel, um nur einige zu nennen, und brachten Bücher, Druckmaterialien und anderes in die UB.

Roland organisierte mit Karitas den Transport der zwanzigtausend Briefe nach Ost-Berlin. Sie kam mit einem Lancia. Obwohl ich Karitas noch nie gesehen hatte, erkannte ich sie sofort am vereinbarten Treffpunkt an dem auffälligem Auto. Eine Grüne mit fast 200 PS! Zu allem Überfluss war der Wagen auch noch goldmetallic lackiert, auffälliger ging es eigentlich nicht. Ich stieg in den Wagen und wir fuhren gemütlich durch die Stadt. Karitas bekam mit, dass ich das Auto auch gerne fahren würde. Als ich ein bisschen schneller los sauste, merkte ich, dass wir von einem Auto mit drei Männern verfolgt wurden. Es war ein typisches Stasi-Auto, ein Lada. Karitas glaubte mir nicht. Ich fuhr rechts ran und forderte sie auf: »Geh mal hin zu diesem Auto und sage zu den Männern, dass du nicht möchtest, dass sie dich verfolgen«. Karitas stieg aus und lief auf unsere Verfolger zu. Die Genossen erkannten den Plan der Bundestagsabgeordneten und rannten einfach weg. Sie hatten noch nicht mal ihr Auto abgeschlossen, es gab ja noch keine Zentralverriegelung. Was für eine lustige, skurrile Situation.

Es gab immer wieder Menschen, denen ich vertraute, vertrauen musste, obwohl ich sie nicht lange oder gut genug kannte. Aber oft hatte ich keine andere Wahl. Klar war es ein Risiko, aber oft musste ich dieses eingehen. So war es auch bei Christine Rothbart.

Wir deponierten die Koffer mit dem Material bei Christine in der Marienburger Straße 8 in Prenzlauer Berg, denn dort war die Tordurchfahrt nicht verschlossen. Die Flügeltür öffnen, die Metallic-Karre rein, Türen zu und schnell entladen. Später fuhr Karitas wieder rüber mit dem schönen Lancia. Und ich hatte zwanzigtausend Briefe an der Backe. Die Briefumschläge waren adressiert, abgeschrieben aus dem DDR-Telefonbuch. Es sollten die SED-Genossen erreicht werden, denn die hatten ja überproportional einen privaten Telefonanschluss. Aber letztendlich waren die Empfänger willkürlich ausgewählt. Dem Info-Blatt lag der Vordruck einer Postkarte bei, die von möglichst vielen an den DDR-Umweltminister weiter geschickt werden sollte.

Am 9. Mai 1989 trommelte ich zwanzig Freunde zusammen. Zu dieser Zeit hatten sich schon einige, auch mein Freund Carlo Jordan, von der UB getrennt und die Umweltgruppe »Arche« gegründet. Doch für diese Aktion wurden alle Differenzen und Streitigkeiten vergessen. Ich kaufte einen Stadtplan und zerschnitt ihn in zwanzig etwa gleich große Teile. Damit hatte jeder sein Planquadrat und sollte nur die Briefkästen seines Abschnittes befüllen. Nicht mehr als hundert Briefe pro Briefkasten. Jeder bekam eintausend Briefumschläge, zwischen 20 und 22 Uhr sollten die Briefe eingeworfen werden. Und es klappte. Die Post war überfordert, und die Stasi fischte nur einige hundert Umschläge aus dem Verkehr. Zwei von zwanzig Freunden brachten ihre Tüten mit den Umschlägen zu ihrem Führungsoffizier, erfuhr ich später aus den Stasi-Akten. Also waren zwei keine Freunde, sondern schlicht und einfach Spitzel und Verräter. Einer davon war Falk. Aber zu den Verrätern komme ich später.

Während der Recherche zu diesem Buch telefonierte ich mit zwei Hamburger Greenpeace-Aktivisten von damals. Mit Harald Zindler, heute 74, dauerte das Telefonat etwas länger. Klar konnte er sich an diese Aktion erinnern. Harald war und ist ein Macher. Damals war er Kapitän von schnellen Greenpeace-Motorbooten, die andere größere Schiffe daran hinderten, die Meere zu verschmutzen oder Fische zu töten, die auf der Roten Liste stehen. Einige Male war er selbst in der UB oder er vermittelte Leute, die bei uns Vorträge hielten. Auch Gerhard Wallmeyer erinnerte sich: »Ich wusste damals nicht, von wem die Briefumschläge und Marken gekommen sind. Wir steckten nur Infoblatt und Postkarte rein und gaben sie wieder ab. Mehr wollte ich nicht wissen, wozu auch sich mit Wissen belasten, dass ich nicht brauchte und nicht wissen musste.« Ja, dachte ich mir, so habe ich es auch meist gehalten.

Jedes Jahr, Mitte Januar, inszenierte die DDR-Führung eine »Kampfdemonstration zu Ehren von Karl Liebknecht und Rosa Luxemburg« zur Gedenkstätte der Sozialisten in Berlin-Friedrichshain. Auch wir von der Opposition wollten am 17. Januar 1988 daran teilnehmen. Also stand ich früh auf, um pünktlich zu sein. Aber kaum hatte ich meine Wohnungstür abgeschlossen, wurde ich von zwei Stasi-Leuten mit der branchenüblichen Aufforderung: »Sie kommen jetzt mal mit. Zur Klärung eines Sachverhaltes« verhaftet. Sie fuhren in rasantem Tempo Richtung

Inoffiziell wurde erarbeitet, daß Schefke während der Sitzung des "Redaktionskreises" der "UB" am 13. Januar 1988 bekanntgab, daß am 17. Januar 1988 anläßlich der Kampfdemonstration zu Ehren von Karl Liebknecht und Rosa Luxemburg eine "Gegendemonstration" von verschiedenen Personen unter Verwendung der bekannten Luxemburg-Zitate erfolgen werde. Er informierte genauestens über Treffpunkt und -ort. (Bericht IMB "Markus Hirsch" vom 15.01.88)

Aufgrund dieser Information wurde Schefke auf zentrale Weisung für den entsprechenden Zeitraum unter operative Kontrolle durch die Hauptabteilung VIII gestellt und am Morgen des 17. Januar 1988, als er sein Wohnhaus verlassen wollte, zugeführt.

In der durch MA der Hauptabteilung IX durchgeführten Befragung zum Sachverhalt bestritt Schefke wider besseren Wissens, etwas von einer geplanten provokativen"Gegendemonstration" zu wissen. Die Durchsuchung der von ihm mitgeführten Behältnisse und Bekleidungsstükke ergab, daß er mehrere Fotoapparate und entsprechendes Zubehör mit sich führte. Begragt, zu welchem Zweck er diese mitführe, gab er an, daß er verschiedene Aufnahmen bei der Demonstration und in der Hauptstadt machen wolle. (siehe Befragungsprotokoll der HA IX/2 vom 17.01.88)

Bei den aufgrund des vorliegenden Sachverhaltes gegen Schefke durchgeführten Prüfungshandlungen zur Klärung des Verdachts der Begehung einer Straftat gemäß § 95 StPO konnte kein offizieller Nachweis diesbezüglicher Pläne, Absichten und Aktivitäten Schefkes erbracht werden.

Auszug aus Akte OV »Satan«, März 1988

Rummelsburg ins damalige Gefängnis, wo ich vernommen wurde. Warum, wohin, weswegen und dann noch einmal von vorne. Irgendwann war es Mitternacht, und ich wurde entlassen. Ein anstrengender, unter dem Strich aber auch langweiliger Tag.

Das Verhör vom 17. Januar 1988 fand ich in meiner Akte. Meine Antworten waren schon fast lustig, jedenfalls aus heutiger Sicht.

Antwort: Ich habe bisher angenommen, daß die Demonstration durch die Karl-Marx-Allee und sich dort auch die Haupttribüne befindet, so wie dies bei Demonstrationen zum 1. Mai immer der Fall ist. Ich habe die Anzeige zur Kampfdemonstration nur flüchtig gelesen. Offensichtlich habe ich den Ort überlesen. Die Treffzeit für die Demonstration war jedenfalls 9.00 Uhr. In den vergangenen Jahren habe ich die Kampfdemonstration nicht verfolgt. Ich beabsichtigte in diesem Jahr erstmalig zu dieser Demonstration zu gehen. Mein Irrtum hätte auch keine ernsthaften Folgen gehabt, da ich ihn in der Karl-Marx-Allee schon festgestellt hätte. Ich wäre dann mit der U-Bahn weitergefahren, da ich mir sicher bin, daß ich in der Anzeige gelesen habe, daß die Demonstration durch die Frankfurter Allee führt.

Frage: Sie gaben an, in diesem Jahr erstmalig die Absicht gehabt zu haben, die Demonstration anläßlich des Jahrestages der Ermordung von Karl Liebknecht und Rosa Luxemburg zu verfolgen. Aus welchen Gründen beabsichtigten Sie, sich diese Demonstration am heutigen Tages anzusehen?

Antwort: Ich hatte im vergangenen Jahr den Kinofilm über das Leben von Rosa Luxemburg gesehen. Dies hat mein Interesse für diese Frau geweckt. Ich wollte deshalb einmal selbst erleben, wie die Werktätigen Berlins ihr Andenken ehren.

Frage: Wann kamen Sie zu dem Entschluß, sich die Kampfdemonstration selbst anzusehen?

Antwort: Vom Stattfinden der Demonstration hatte ich in der vergangenen Woche aus der Anzeige in der Zeitung erfahren. Dies war am Donnerstag oder Freitag. Damit begann meine Überlegung, mir diese Demonstration doch einmal aus der Nähe anzusehen. Tatsächlich entschlossen habe ich mich zum Aufsuchen des Demonstrationszuges erst in der vergangenen Nacht, als ich mir den Wecker stellte, um gegen 9.00 Uhr in der Karl-Marx-Allee zu sein.

Auszug aus Akte OV »Satan«, Vernehmungsprotokoll

Einige Freunde hatten es aber an diesem Tag bis zur Frankfurter Allee geschafft. Dort entrollten sie ein paar Transparente mit den Zitaten »Wer sich nicht nicht bewegt, spürt die Fesseln nicht« und »Die Freiheit ist immer die Freiheit des Andersdenkenden«. Die Transparente waren nur ein paar Sekunden zu sehen. Dann ging alles ganz schnell, und die Stasi griff zu. Rund hundertzwanzig Freunde wurden an diesem Tag verhaftet. Einige von ihnen kamen an diesem Abend nicht mehr frei. Einem ARD-Kamerateam war es gelungen, die Aktion zu filmen. Es war der Aufmacher in der Tagesschau. Und natürlich auch der Aufreger.

Eine Woche später wurden wieder Freunde verhaftet. Wir organisierten Mahnwachen. Mit meinem Studienfreund Martin aus Cottbus überlegte ich, was wir noch tun könnten, um mehr Druck auszuüben und so die verhafteten Freunde frei zu bekommen. Aber

Bärbel Bohley, Werner Fischer, Lotte und Wolfgang Templin, Ralf Hirsch, Freya Klier, Stephan Krawczyk, Vera Wollenberger und Bert Schlegel wurden wegen »landesverräterischer Agententätigkeit« verurteilt. Einige Widerständler hatten Kontakt zu Roland Jahn. Es wurde behauptet, dass die Verhafteten am Telefon über Roland Informationen an den BND weiter gegeben hätten. Der Staat wollte sie loswerden, in den Westen abschieben. Nach außen hin sollte es so aussehen, als ob sie freiwillig gegangen wären.

Die Vernehmer drohten mit hohen Haftstrafen und Einzelhaft, der Anwalt der Angeklagten war Wolfgang Schnur. Keiner ahnte, dass Rechtsanwalt Schnur (wie etliche andere DDR-Anwälte auch) ein Spitzel der Stasi war. Nach sieben bis zehn Tagen verließen die meisten der inhaftierten Freunde das Gefängnis in Richtung Westen. Der Liedermacher Stephan Krawczyk beschrieb das so: »Ausgereist durch die liebliche Umklammerung im Knast«.

Ich erinnere mich noch genau an den Tag, an dem Vera Wollenberger verurteilt werden sollte. Die Urteilsverkündung war im Amtsgericht Lichtenberg, direkt gegenüber einer kleinen Kirche der Koptischen Gemeinde. Da wollten wir um zwölf Uhr aus Solidarität die Glocken läuten lassen. Noch war ich Oberbauleiter beim WBK Berlin. Ich fuhr mit meinem Trabant zur Urteilsverkündung. Unweit der Kirche stellte ich mein Auto ab. Mich kontrollierten zwei Stasi-Leute. Vera wurde verurteilt, die Nachricht wurde in der Tagesschau verkündet, gefolgt von: »Gottesdienstbesucher am Besuch des Gottesdienstes gehindert«. Der Besucher war ich, das Kamerateam hatte die Szene gefilmt.

Schon am nächsten Tag war ich nicht mehr Oberbauleiter. Der Kaderleiter bat mich in sein Büro und teilte mir mit, dass ich ab morgen in der Abteilung Ökonomie arbeiten würde. Ein schwerer Schlag für mich. Ich hatte keine Sekretärin mehr, die die Gespräche von Roland durchstellte, ich hatte keine festen Vormittags- und keine festen Mittagstermine mehr. Mein Arbeitstag begann nun um sieben und endete um 15 Uhr 30. Ich war telefonisch

4. Zusammenwirken mit staatlichen und gesellschaftlichen Kräften zur Erreichung einer Verunsicherung und Disziplinierung des Schefke

---

Durch eine Information der BVfS Berlin an die Kreisleitung Bauwesen der SED sowie an die Leitung des WBK Berlin konnte erreicht werden, daß in kürzester Zeit eine Umsetzung des Schefke aneinen Arbeitsplatz mit mit örtlicher Bindung während der gesamten Arbeitszeit erfolgt. Damit werden objektiv gute Bedingungen geschaffen, die Trefftätigkeit Schefkes mit Kontaktpartnern aus dem Operationsgebiet sowie mit anderen Führungskräften PUT entscheidend einzuengen. Diese Maßnahme richtet sich nach Schefkes eigenen Angaben empfindlich gegen die Wahrnehmung seiner Interessen. (siehe Informationen der Abt. 26 Nr. A 6258/87/41/88 und 42/88 vom 17.02.88)

Auszug aus Akte OV »Satan«, März 1988

nicht mehr erreichbar. Nach sechs Wochen bat ich um einen Auflösungsvertrag oder ich kündigte sogar. Ich weiß es nicht mehr.

Sie hatten es geschafft, aus einem Feierabendrevolutionär einen Vollzeitrevolutionär zu machen. Nun hatte ich mehr Zeit, Ideen zu entwickeln und umzusetzen. Viele wollten das Land verlassen. Es kursierte der Witz: »Frage: ›Welche ist die längste Kirche in der DDR oder sogar in der Welt?‹. Antwort ›Die Zionskirche, du gehst in Ost-Berlin rein und kommst in West-Berlin wieder raus.‹« Da war was dran. Einige, die bei uns in der UB mitmachen wollten, hofften darauf, abgeschoben zu werden. Wir sollten als Sprungbrett dienen. Es wurde viel gestritten, die eine Seite wollte die Ausreisewilligen aufnehmen, damit würde unsere Bewegung größer werden. Die andere Seite wollte sich nicht benutzen lassen.

Ich aber brauchte ein Telefon und bekam von einigen, die das Land verlassen wollten, die Möglichkeit, ihr Telefon zu benutzen. Fast täglich wurde ich von Roland angerufen. Von West nach Ost ging das, es war auch sehr preiswert. Umgekehrt aber kam ich nicht durch, in der Regel war besetzt, es gab zu wenige Verbindungen in den Westen. Und es war sehr teuer: 70 Ost-Pfennig die Minute. Dann fand ich heraus, dass das Bezahlen genau so gut mit polnischen Zloty-Münzen funktionierte. Ein Zloty hatte, wenn ich mich richtig erinnere, den Wert von 0,07 Ost-Pfennig. Um Mitternacht bekam ich von einem Münzautomaten fast immer eine Verbindung nach West-Berlin.

Echt nervend waren die regelmäßigen Befragungen durch die Mitarbeiter des Ministeriums für Staatssicherheit. In der Regel passierte das alle sechs Wochen. Es war allein schon ein sehr unangenehmes Gefühl, die Räumlichkeiten zu betreten. Egal ob in der Keibel- oder Normannenstraße, bzw. um die Ecke in der Ruschestraße. Endlose Gänge, die mit einem dunkelbraunen Ölsockel einfallslos angepinselt waren und dann auch noch das stinkende Linoleum im Gang und im Vernehmungszimmer. Letzteres ohne Fenster. Das machte die Situation nicht gemütlicher. Dann musste man sich auf einen einfachen, harten Holzstuhl setzen. Ein Tonbandgerät wurde eingeschaltet. Ich in der Mitte, rechts einer, der Fragen stellte und auf der anderen Seite einer, der mich nur anstarrte. War wohl ein Psychologe, der meine Gesichtsregungen beobachtete und daraus Schlüsse ziehen wollte. Eine zentrale Frage, die sie immer wieder beantwortet haben wollten, war: »Herr Schefke, von welchem Geld leben sie eigentlich?«

Das war damals eine sehr heikle Frage. In der DDR gab es den im Volksmund allgemein bekannten »Assi-Paragraphen«, den Paragraphen 249, der im Strafgesetzbuch überschrieben war mit »Beeinträchtigung der öffentlichen Ordnung und Sicherheit durch asoziales Verhalten«. Immerhin wurden im Jahr 1973 rund vierzehntausend Urteile gesprochen, das war der Spitzenwert. Es herrschte bei den Mächtigen wohl die Auffassung, durch Erziehung mit schwerster körperlicher Arbeit die Menschen eben doch noch zu besseren Menschen machen zu können. Natürlich hatte der Paragraph 249 noch einige Unterparagraphen, und sicher dachten sich die Vernehmer, dass ich da zu belangen wäre.

Von welchem Geld ich lebte? Dazu hatte ich mir schon eine Antwort zurechtgelegt. »Das ist ganz einfach«, antwortete ich mit fester Stimme: »ich habe eine Oma im Westen. Ich trage Schuhe von Adidas, eine Hose und Jacke von Levis. Die Klamotten sind Geschenke meiner Oma. An jedem ersten des Monats gehe ich zur Sparkasse und hebe hundertdreißig Mark der DDR ab. Ich habe so einiges in meinem Leben angespart. Früh gehe ich zum Bäcker und kaufe mir ein Brötchen. Von dem genieße ich am Morgen die Oberseite mit selbstgemachter Marmelade. Mittags lasse ich mir eine preiswerte Tütensuppe schmecken. Abends gibt's dann die Unterseite des Brötchens vom Morgen, mit einer Scheibe Käse. Das kostet so 1 Mark 10 am Tag und somit 33 Mark im Monat. Dazu kommt die monatliche Miete von 50 Mark und eine Tankfüllung. Die 130 Mark reichen ganz locker.« Der Vernehmer konterte: »Herr Schefke, Ihre Antworten sind so schön rund. Ich glaube Ihnen kein Wort.« Aber das war ja nicht mein Problem.

Ein anderes Mal ging der Vernehmer mit mir im Nebenzimmer an ein Fenster. Dort zeigte er auf ein Auto im Hof und auf einen Reisepass auf dem Fensterbrett. »Herr Schefke, es ist alles vorbereitet. Das könnte Ihr Reisepass werden. Ihr Passbild ist schon eingeklebt, es fehlt nur Ihre Unterschrift und in zwanzig Minuten sind sie in West-Berlin.« Ich schob den Reisepass zur Seite und antwortete mit »Vielleicht später«.

Auch Aram versuchten die Stasileute des öfteren auszufragen. Ein Freund von uns, Rex Joswig, gründete die Band *Herbst in Peking*. Ihr bekanntestes Lied war, meine ich, »Bakschischrepublik«. Sie sahen sich als Anarchisten und Punks. Schon der Bandname war für die Offiziellen die pure Provokation. Natürlich wollte die Band damit auf das Massaker auf dem Tian'anmen-Platz hinweisen. Sie durften nicht offiziell auftreten, waren aber trotzdem sehr bekannt, spielten in Kirchen und Kellern der Republik. Aram wollte beim Toilettengang zwischen den Verhören bei der Stasi die Popularität der Band erhöhen. Deshalb beklebte er das Männerklo mit den Aufklebern unserer Freunde. Die Genossen tippten sofort auf ihn – er hat es noch nicht mal abgestritten. Aber es wurde nicht weiter strafrechtlich verfolgt.

18. Mai 1989, Siegbert Schefke bringt Druckpapier in die Umweltbibliothek. Das MfS observiert ihn und vermerkt: »18.37 Uhr ›Satan‹ beim Verlassen der UB.«

KONZERTE VOR UND HINTER DER MAUER

Jugend definiert sich oft über Musik. Was war und ist angesagt, was hören die Freunde, was die Freundin? Die Bands aus dem Westen durften nicht in den Osten, weil der Staat sie nicht reinließ. Im Zentrum Ost-Berlins wurde ein sehr modernes Gebäude hingestellt und mit viel Getöse am 23. April 1974 an das Volk übergeben. Offiziell wurde es »Palast der Republik« genannt, im Volksmund war auch »Ballast der Republik« gebräuchlich. Das hing damit zusammen, dass Baumaterial oft knapp gewesen ist, aber für diese Prestigebaustelle gab es immer das eigentlich gar nicht vorhandene Baumaterial. Oder es hieß »Palazzo Prozzo« und »Erichs Lampenladen«, denn im Eingangsbereich leuchteten sehr viele Lampen, auch in der Nacht, was einige als Verschwendung ansahen. Der Staat feierte sich.

Im Jahr 1983 wurde Udo Lindenberg eingeladen. Udo hatte schon einige Versuche unternommen, in der DDR zu spielen. Doch die DDR-Obrigkeit hatte da so ihre Vorbehalte, und so dachten sich die Genossen, dass Udo erst einmal vor ausgewähltem Publikum spielen sollte, also vor linientreuen Funktionären. Die richtigen Fans sollten draußen bleiben. Das war am 25. Oktober 1983. Die Stasi hatte ihn als »mittelmäßigen Sänger aus der BRD, an dem kein Interesse besteht«, eingestuft. Über viertausend FDJler, fast alle im einheitlichem Blauhemd, verfolgten ziemlich teilnahmslos den Auftritt von Lindenberg, während sich seine Fans vor dem Palast der Republik versammelten. Der West-Berliner *Tagesspiegel* schrieb von »einigen hundert jungen Leuten«, der

Spiegel meldete »mehr als 1000«. Letzterer war wohl näher dran. Drinnen die Funktionäre und draußen brüllten die Fans »Udo Udo« und »Wir wollen rein«. Er spielte vier Songs. Aus der geplanten Tournee wurde nichts. Die Bedenkenträger sagten sie ab. So blieb es bei diesem einzigen Auftritt im Arbeiter- und Bauernstaat.

Den Kölner Musikern der Gruppe BAP erging es ein Jahr später ähnlich. Geplant waren vierzehn Konzerte in dreizehn Städten in der Deutschen Demokratischen Republik. Um ganz ehrlich zu sein, ich konnte mir das nicht vorstellen. Die Kölner waren keine Schlagertruppe, sie waren eine politische Band. Wo es um Abrüstung oder NATO-Nachrüstung ging, war BAP dabei. Und nun wollten sie hier eine richtige Tour machen?

Das DDR-Fernsehen hatte ein Interview mit Wolfgang Niedecken aufgezeichnet, auch zwei Lieder waren dabei. In der Sendung wurde es sinnentstellt und verkürzt. Niedecken protestierte, verarbeitete das Ganze in einem Lied. Die Genossen wurden unruhig. Die Band bezog schon das Ost-Berliner Hotel »Unter den Linden«. Die Genossen forderten, dass das »neue« Lied nicht gespielt werden sollte. Es kam zum Eklat. Die Tournee wurde abgebrochen, noch bevor das erste Konzert stattgefunden hatte.

In Ost-Berlin gab es das jährliche »Festival des politischen Liedes« mit dem Symbol der Taube auf blauem Grund. Es wurde das Gerücht gestreut, BAP hätte dort auftreten sollen, hätte sich aber geweigert. Jeder wusste, dass auch das eine Lüge der Genossen war. Jegliche Kritik war ihnen zuwider. Nach den fehlgeschlagenen Versuchen von Udo Lindenberg und BAP wussten wir, dass sich nichts bewegen würde mit Auftritten von West-Musikern in diesem Land. Ich frage mich oft, wie die Menschen, die damals viel und fast alles verboten haben, heute darüber denken? Schämen sie sich wenigstens ein klein wenig?

»Mein« erstes Konzert mit einem bekannten Musiker aus dem Westen fand dann doch noch 1984 statt. Der Brite Roger Maxwell »Chappo« Chapman spielte in der Friedrichstraße im *Metro-*

pol, heute *Admiralspalast*. Das genaue Datum habe ich nicht mehr in Erinnerung. Ich erinnere mich nur, dass Karla, Sabine, Jochen, Sebastian, Holly, Tordis und andere keine Karten hatten. Aber Stefan hatte eine. Ich weiß nicht mehr wie er das geschafft hatte, jedenfalls hat er uns eine Notausgangstür geöffnet. »Shadow On The Wall«, sieben Minuten lang, war eine Wucht.

Am 6. April 1987 hörten wir, dass Carlos Santana, der US-amerikanische Musiker und Gitarrist mit mexikanischen Wurzeln, im Palast der Republik spielen sollte. Wir konnten es nicht glauben und fuhren hin. Die Türen zum großen Saal waren streng bewacht von FDJlern, die uns nicht reinlassen wollten. Ich grübelte nach einer Lösung. Es kamen noch vereinzelt Konzertbesucher, zeigten ihre Einlasskarten und verschwanden im Palast. Ich sagte zu meinen Freunden, wenn ich meinen Schuh in die sich schließende Glastür stelle, dann müsst ihr mir beim Aufdrücken der Tür helfen. Wir wollten die FDJler übertölpeln. Mit vereinten Kräften klappte es, wir waren drin. Welch ein komisches Bild bot sich uns. Carlos Santana mit seinem Drummer Buddy Miles müh-

Santana in Erichs Lampenladen

ten sich redlich ab, aber die Leute mit Karte blieben in den fetten Ledersesseln mit Armlehnen hocken. Gelegentlich klatschten sie, blieben aber sitzen. Ich hielt es nicht mehr aus. Mit einigen anderen eroberten wir den Platz vor der Bühne und tanzten. Ich hatte einen kleinen Fotoapparat dabei und nutzte die Gelegenheit.

Santana erklärte einen Tag nach dem Konzert sehr diplomatisch: »Es war das Größte, was uns in den letzten Jahren passiert ist. Es gab plötzlich kein Ost und kein West mehr. Wenn man vor 55 000 Hippies spielt, ist das nichts Besonderes, aber vor einem Publikum mit kurzen Haaren, anderen Denkmustern und keiner Erfahrung im Rauchen von Haschisch fordert es dich ganz anders heraus. Es war mein bestes Konzert seit Langem.« In der SED-Parteizeitung *Neues Deutschland* stand einen Tag später: »Umjubelte Rockmusik der Extraklasse – Der Gitarrist Carlos Santana und seine Gruppe begeisterten im Palast der Republik«. Fünf Jahre später erlebte ich Carlos Santana in San Francisco. Da blieb kein Konzertteilnehmer in seinem Sessel sitzen, hier ging die Post ab!

Drei Jahre hatte es gedauert, bis der Palast der Republik fertig gebaut war. Zwei Jahre, von 2006 bis 2008, sollte der Abriss des Gebäudes dauern. Offizieller Abrissgrund war Asbest. Ich bin mir nicht so sicher, ob das der einzige war.

Und was passierte, wenn Zehntausende zu Openair-Konzerten pilgerten?

»Achtung, Achtung! Bürger, hier spricht die deutsche Volkspolizei! Verlassen Sie unverzüglich das Gebiet und begeben Sie sich nach Hause!«

Wollte uns der Volkspolizist am Pfingstsonntag 1987 vor dem Brandenburger Tor in der Straße Unter den Linden in Ost-Berlin tatsächlich mit dem Mikro und der kleinen Verstärkersprechtüte dazu bewegen, nach Hause zu gehen? Wo doch hinter der Mauer, am oder vor dem Reichstagsgebäude Eurythmics, Genesis und David Bowie spielen sollten. Und wir hofften am Ost-Berliner

Brandenburger Tor darauf, dass der Wind günstig steht und wir die Musik gut hören können. Klar war David Bowie für uns der Höhepunkt des Abends. Mit mir warteten einige andere tausend und waren genervt von den sich ständig wiederholenden Lautsprecherdurchsagen aus dem Auto der Vopos. Wir blieben einfach stehen. Heute würde man sagen, dass es ziviler Ungehorsam gewesen ist, der sich da formierte. Dann fingen die Vopos an zu knüppeln. Geheimpolizisten in Zivil, Stasitypen, griffen sich scheinbar wahllos Zuhörer heraus. Die Polizei war nicht vorbereitet und dilettantisch ausgerüstet, sie agierten plan- und kopflos. Mein Freund Uwe Kulisch schrieb später dazu: »Ein Kennzeichen der Diktatur ist die Willkürlichkeit. Dem einen passiert was, und die anderen werden planlos zusammengeknüppelt. Der andere kommt raus, bekommt vielleicht gar nichts mit und hatte einen guten Abend.«

Gegen die Willkür des Staates solidarisierten sich die Angegriffenen und riefen »Lasst die Leute frei«. Das kannte die Staatsmacht bis dahin noch nicht. Christian Halbrock, Mitbegründer der UB, war auch dabei und schrieb: »Die Ohnmachtserfahrung, die der Staat da machen musste, weil der Normalzustand ist ja der, dass der kleine Bürger diese sammelt, und nun auf ein mal ist es umgekehrt, denn die Leute gehen nicht nach Hause, und schon alleine das erzielt ein Riesengelächter und ein Solidaritätsgefühl untereinander. Das kannten diese Polizisten nicht. Es folgten Pfiffe und Gelächter.« Und weiter: »Der Staat und seine Staatssicherheit sehen sich plötzlich mit der Ohnmachtserfahrung konfrontiert, im Augenblick des Geschehens gegen die Proteste nichts ausrichten zu können. Normalerweise darf die Macht der Herrschenden in einer Diktatur nicht in Frage gestellt werden. Die Staatssicherheit und die Polizei und die Angst, es mit diesen zu tun zu bekommen, sorgen meist dafür, dass es nicht dazu kommt. Es ist die Angst vor Repressionen, die die Macht absichert. Das Faszinierende an solchen Protesten ist, dass dieser Mechanismus plötzlich nicht mehr funktioniert, ja sogar auf den Kopf gestellt wird. Die,

die sich auf der Straße befinden, lassen sich nicht abdrängen. Sie erkennen, dass sie als Gruppe der Polizei entgegentreten können und reagieren mit Gelächter und mit Pfiffen auf die Megaphon-Durchsagen.«

Was für ein Abend. Musik überwindet Grenzen? Oder war es der Anfang von dem, was zwei Jahren später folgen sollte? Letztendlich war es auf beiden Seiten Ohnmacht.

Damit sich das nicht wiederholte, wollte der Kulturfunktionär Kurt Hager die Freiluftkonzerte weit weg von der Mauer stattfinden lassen, »um dem ausgeprägten Interesse der Jugend nach solchen Veranstaltungen besser zu entsprechen«.

Bob Dylan gab am 17. September 1987 im Treptower Park ein Konzert. Eigentlich hatte er in der legendären Waldbühne in West-Berlin spielen sollen, aber nur zweitausend Karten waren im Vorverkauf weggegangen. Da kam die FDJ auf die Idee, das Konzert einfach in den Osten zu verlegen. Ein großes Open-Air-Konzert wurde kurzfristig angekündigt. Ich weiß nicht mehr, wie ich an die Karte für zehn Mark der DDR gekommen bin. Mit von der Partie waren *Tom Petty and the Heartbreakers* im Vorprogramm.

Tom Petty and the Heartbreakers

Es waren offiziell 70 000 Besucher, die auf den großen Bob Dylan warteten. Vielleicht waren es aber auch 120 000. Dann kam der Meister. Sang und spielte eine gute Stunde lang. War es schon bei Tom Petty dunkel gewesen, so wurde es bei Bob Dylan erst richtig dunkel. Er war kaum zu sehen. Mürrisch, gelangweilt und lustlos versuchte er, uns zu unterhalten. Nach einer Stunde verschwand er wortlos. Das Konzert war das Geld nicht wert gewesen. Im Juni 1988 spielten in West-Berlin in Mauernähe Pink Floyd und Michael Jackson, und für die Ost-Jugend spielte weit weg vom Brandenburger Tor unter anderem die West-Berliner Band Rainbirds.

Dann kam Bruce Springsteen am 17. Juli 1988 nach Ost-Berlin, nach Weißensee. Es wurde das größte Konzertereignis der DDR. Viele pilgerten wie ich zu Fuß dorthin, denn die Straßenbahn schaffte die Massen an Menschen nicht mehr. Offiziell waren es 160 000 verkaufte Karten. Oder waren es doppelt so viele? Manche schreiben von bis zu 500 000 Besuchern. Das von der FDJ organisierte Konzert wollte auch ich nicht versäumen. Ob ich reguläre Eintrittskarten hatte oder selbstgedruckte aus irgendeiner Siebdruckwerkstatt? Ich weiß es nicht mehr. Wir waren um die zwanzig Freunde, und jeder hatte eine Flasche Wein dabei. Es ging nur sehr langsam voran, und der Druck von hinter uns Nachdrängenden verstärkte sich. Als wir endlich bei den Kartenabreißern ankamen, steigerte sich der Druck dermaßen, dass wir ohne Kontrolle hineingepresst wurden. Ich sammelte die nicht entwerteten Karten ein, ging wieder raus und verkaufte die Karten noch mit einem kleinen Aufpreis.Springsteen sagte vor dem Konzert: »Es ist gut, in Ost-Berlin zu sein. Ich bin hier nicht für oder gegen eine Regierung. Ich bin gekommen, um für euch Rock'n Roll zu spielen, für euch Ost-Berliner, in der Hoffnung, dass eines Tages alle Barrieren umgerissen werden.« Ursprünglich hatte er Mauern sagen wollen, das hatten die Zensoren abgelehnt, er beugte sich, die Message kam bei mir und allen anderen auch so an. Das Konzert wurde im Radio und DDR-Fernsehen übertragen – ohne diese Ansprache und mit einigen Sekunden Verzögerung. Zeit, um noch reagieren zu können, auf das, was da vielleicht unerwartet passieren könnte.

Der Boss war mit seinen Musikern, Technikern und vielen anderen für einen Tag bei uns, bei uns in Berlin-Weißensee. Einen Nachmittag waren wir ganz weit weg von der DDR und sangen oder brüllten »Born in the U.S.A.«.

Die Konzerte waren eine Abwechslung. Aber trifft nicht die Bezeichnung »Brot und Spiele« diesen Sommer ganz genau? Der Staat organisierte weit weg von der Mauer Konzerte, und wir kamen, wurden abgelenkt. Mit diesen Großereignissen sollten die wirtschaftlichen und politischen Probleme überdeckt werden. Aber das funktionierte immer nur für diesen einen Tag. Letztendlich gaben mir die Konzerte den letzten Schub, dieses Land unbedingt verändern zu wollen. Der Kampf ging also weiter.

DIE REVOLUTION BRAUCHT AUCH GELD

Das Land war geteilt in Ost und West, beide hatten ihre eigene Währung. Zur Erinnerung oder für die jüngeren Leser möchte ich an die D-Mark, kurz West-Mark, und an die DDR-Mark, kurz Ost-Mark, erinnern. Bei der Ost-Währung waren die Münzen aus Aluminium, das Westgeld aus Kupfer, Messing und anderen Legierungen. Der Umtauschkurs war offiziell 1:1. Nur leider konnte kein Ost- gegen Westgeld eingetauscht werden. Daher gab es einen Schwarzmarktkurs, und der war im Sommer 1989 um die 1:10. Das hieß, man bekam für eine West-Mark ungefähr zehn Ost-Mark. Aber es ging noch besser. In dem Laden *2001* in der Kantstraße in West-Berlin wurden Platten von AC/DC, Nena und Nina Hagen, den Scorpions, Peter Maffay und anderen für 5 West-Mark verkauft. Ich bestellte die bei Freunden, die sie mir mitbrachten. Und ich verkaufte sie an Leute, die mir pro Platte 100 Ost-Mark gaben. Wer rechnen kann, kommt auf einen Kurs von 1:20.

Auch das war noch zu toppen. Lederhosen waren damals der Renner. Und ich kannte in Berlin-Friedrichshain eine Schneiderin. Ulla war fleißig und hatte ihren Preis. Wer eine Hose haben wollte aus dem Westen, bezahlte bei mir 160 West-Mark. Morgens gingen wir gemeinsam zu Ulla, sie nahm Maß und abends war die Lederhose fertig. Ulla bekam von mir 500 Ost-Mark. Der Rest war für mich. So kam ich an das gute West-Geld.

In der DDR gab es einiges zu kaufen, aber eben auch vieles nicht. Damals waren Kreolen als Ohrschmuck der letzte Schrei.

Nur konnte man sie eben in der DDR nicht bekommen. Aram kam auf eine Idee: Er brachte kurze, etwas stärkere Messingröhrchen an, die nur zwanzig Zentimeter lang waren. Er kannte eine Metallbude in Berlin-Schöneweide, die diese kurzen Rohre auf zwei Meter Länge ziehen konnten. Er kam mit schmalen, langen Messingschnüren zurück. Wir borgten uns die Rundhölzer vom Geländer im Treppenhaus, wickelten die langen Messingschnüre drum herum, sägten sie mit einer Eisensäge auseinander, und die Rohlinge fielen direkt in den für sie bereit gestellten Wäschekorb. Das ging alles ganz fix. Mit Schmirgelpapier feilten wir die scharfen Kanten weg, denn die Frauen sollten sich ja nicht verletzen. Dann wurden noch kleine Stifte besorgt und diese mit einer Kombizange befestigt. So haben wir am Wochenende einige tausend Kreolen, vielleicht fünf-, sechstausend Stück, produziert, gezählt haben wir sie nicht. Aber wo die vielen Käuferinnen hernehmen?

Ich kannte vom Vorbeifahren eine kleine Boutique in der Eberswalder Straße. Also dachte ich, dass der kleine, kräftige Verkäufer uns da vielleicht weiterhelfen könnte und fuhr mit dem Wäschekorb im Kofferraum hin. Ich trat mit einer Handvoll Ohrringe in den Laden und bot meine Ware an. An seinem Gesicht konnte ich ablesen, dass er nicht abgeneigt war. Er fragte, wie viele ich davon liefern könnte. Ich holte den Wäschekorb aus dem Kofferraum. Ein Leuchten huschte über sein Gesicht. Ich wusste nicht, wieviele Ohrringe es waren, hatte auch keine Preisvorstellung. Zögerlich fragte er, ob ich mit sechzehntausend Mark einverstanden wäre. Ich nickte, und er verschwand in seinem Hinterzimmer. Mir wurde mulmig. Wollte er vielleicht die Polizei verständigen? So ganz koscher war das Geschäft im Sinne der DDR-Gesetze nicht. Aber nach kurzer Zeit kam er wieder mit einem Bündel Geld in der Hand und sagte: »Zähl mal nach«. Aber ich zog es vor, ganz schnell aus der kleinen Boutique zu verschwinden.

Aram und ich waren sehr zufrieden, denn so hatten wir Zeit, uns mit dem zu beschäftigen, was wir wirklich wichtig fanden. Eben mit unseren Filmen die Missstände in der DDR aufzudecken. Zu zeigen, wie es hier aussieht. Die kaputten Städte, die schlechte Luft. Verdreckt durch die Millionen von Wartburgs und Trabants. Verdreckt durch die Kohleöfen in jedem Haushalt. Reise-, Presse- und Meinungsfreiheit gab es nicht. Es gab nur Unfreiheit.

Von unserem Freund Matthias wussten wir, dass der Hausmüll aus West-Berlin in die DDR transportiert und auf der Deponie in Schöneiche bei Berlin gelagert wurde, fünf Millionen Tonnen sollen es in der Zeit von 1974 bis 1994 gewesen sein. Dafür bekam die DDR über eine Milliarde Westmark. Und wir wussten, dass Giftmüll dabei war, dass sich die DDR so ziemlich auf jedes Geschäft einließ, um an West-Geld zu kommen. Das mussten wir dokumentieren. An einem Sonntagnachmittag fuhren wir hin und kletterten über einen sehr hohen Maschendrahtzaun auf das Deponiegelände. Es hatte geschneit, der Schnee lag zwanzig, dreißig Zentimeter hoch und so stapften wir über die Mülldeponie, ein endloses und unübersichtliches Gelände. Dann entdeck-

Mülldeponie Schöneiche

Mülldeponie Schöneiche

ten wir Fässer, sie stammten aus dem Westen, teilweise von einer Planierraupe zusammengeschoben. Aber die Totenköpfe waren noch deutlich erkennbar.

Unser Puls schlug höher. Wir hatten den Beweis: Hier war keine normale Hausmülldeponie, sondern hier wurde auch Giftmüll eingelagert. Wir filmten, waren dabei sehr nervös, denn es kostet auch Zeit, wenn man gute Bilder hinbekommen will. Zehn Minuten später stapften wir wieder in unseren Fußspuren zurück. Doch offenbar hatten die Wachleute unsere Fußabdrücke entdeckt. Sie hetzten ihren großen Schäferhund auf uns, um uns am Verlassen des Geländes zu hindern. Wir rannten wie um unser Leben und erreichten den Zaun in letzter Minute, beim Hochklettern schnappte der Hund nach meinem Bein. Aber wir hatten es geschafft, total erschöpft, außer Atem und sehr glücklich.

Siegbert Schefke dreht in Halberstadt am Vorabend des 1. Mai 1989

Wir fuhren nach Potsdam, Greifswald, Görlitz, Bautzen und Leipzig. Alles Städte mit langer Geschichte und mit Häusern, die den letzten Krieg größtenteils unbeschadet überstanden hatten, deren Innenstädte aber nun, nach vierzig Jahren Sozialismus, verheerend aussahen. Sie hatten keine Chance in dieser Mangelwirtschaft. Es fing in der Regel mit einem winzigen Schaden an. Die Dachrinne war undicht. Eine kleine Reparatur mit dem Lötkolben, und es wäre nichts passiert. Aber es wurde nicht repariert. Es tropfte und tropfte, irgendwann lief das Wasser in die Wohnung unterm Dach. Und nach dem nächsten Winter in die Wohnung darunter. Irgendwann war das Haus unbewohnbar, wurden die Fenster zugemauert. Das Schicksal des Hauses war besiegelt.

Als studiertem Maurer blutete mir das Herz. Was tun? Ulli Neumann, ein Berliner Freund, der vor Jahren ausgereist war, gab mir den Tipp, dass es in der Domstadt Halberstadt besonders schlimm aussähe. 1989 sollte dort das tausendjährige Jubiläum gefeiert werden, 989 war Halberstadt das Markt-, Münz- und Zollrecht verliehen worden. Der Zweite Weltkrieg hatte seine Spuren hinterlassen. Aber das, was stehen geblieben war, wurde dem Verfall preisgegeben. Die Altstadt im Harzvorland stand weitgehend leer. Dafür wurde am Stadtrand eine Neubausiedlung hochgezogen Schon aus der Ferne beeindruckte uns die Silhouette mit dem Dom und der Martinikirche, eine der größten Fachwerkkirchen in Deutschland, der Johanneskirche und der Andreaskirche, die zur Klosteranlage von Franziskanermönchen gehörte. Wir schlossen uns einer Reisegruppe aus Westdeutschland an, die sich für die Kirchen interessierte, und taten so, als ob wir dazu gehörten. Doch dann stießen wir auf eine Mauer, die die Straße begrenzte. Auf der Mauer waren abgeschlagene Flaschenhälse und Glasscherben einbetoniert. Wir ließen uns davon nicht aufhalten, stiegen rüber und waren entsetzt über das Ausmaß des Verfalls. Die verlassenen Häuser drohten einzustürzen. Wir filmten, wollten alles dokumentieren. Absurd war, dass

Halberstadt, Vorabend des 1. Mai 1989

vierhundert Meter weiter auf der anderen Seite, die Genossen eine Tribüne zusammenhämmerten. Am nächsten Tag war der 1. Mai, der Kampf- und Feiertag der Arbeiterklasse.

Am 28. Mai 1989 borgten wir uns den Skoda meiner Eltern aus. Wir wollten nach Schwerin und Wismar. Wir hatten einen Hinweis bekommen, dass dort verschmutztes Wasser in die Ostsee geleitet wird. Über die UB hatte ich Kontakt zu Guntram Erdmann, Küster in Wismar. Er wollte uns helfen. Am nächsten Tag fuhren wir zu dritt weiter. Wir kamen nicht weit. Polizei winkte uns raus und eskortierte uns zur nächsten Stasi-Kreisdienststelle in Wismar. Wir hatten uns abgesprochen. Ich behauptete, dass ich alte Backsteinkirchen aufnehmen wollte, ich wolle wieder als Bauleiter arbeiten. Im Norden der Republik wollte ich mich weiterbilden. Ich hätte einen mündlichen Auftrag vom Konsistorialpräsidenten der Evangelischen Kirche, Manfred Stolpe.

Kreisdienststelle Mitte

Berlin, 2. Oktober 1989
zr-be

131

Auszug aus dem Treffbericht vom 2. Oktober 1989
IMB "Reinhard Schumann"

Der IMB berichtet zur Person [redacted]

Der IMB berichtete, daß durch den operativ-bekannten [redacted] gegenwärtig gemeinsam mit dem bekannten

R a d o m s k i , Aram

in Bezirken der DDR Videoaufnahmen zum Thema "40 Jahre DDR" durchgeführt wurden und werden.

Nach Aussagen von [redacted] werden diese Aufzeichnungen am 7. Oktober 1989 über die westlichen Massenmdien verbreitet. Nach Aussagen vom [redacted] hat er dazu Straßenbefragungen bei Passanten zum obengenannten Thema durchgeführt. Dazu soll er gezielt Personen in Wohnungen aufgesucht haben, wo es z. B. durchregnet oder andere Mißstände bestehen.

In diesem Zusammenhang machte der IMB deutlich, daß sich [redacted] bereits in großer Sicherheit wiegt, da fast täglich Beiträge von ihm im Westfernsehen laufen, aber keine Maßnahmen staatlicherseits gegen ihn eingeleitet werden.

Der IMB brachte zum Ausdruck, daß er über die Arbeit des MfS enttäuscht ist, da [redacted] bereits seit mittlerweile zwei Jahren seine feindlich-negativen Videoaufnahmen aus der gesamten Republik in den Westen verkauft. Er verfügt über ein umfassendes Netz von Kontaktadressen in allen Bezirken der DDR und machtsich über das MfS bereits lustig.

[redacted] hat, nach Aussagen des IMB, bereits eine Reihe von Aufgaben an Radomski übertragen. Er besitzt mittlerweile eine dritte Videokamera, welche als "Reservekamera" für alle Fälle in seiner Wohnung gelagert wird. Nach Meinung des IMB ist mit der Ausschaltung des [redacted] erst einmal der Informationsfluß in den Westen maßgeblich unterbrochen.

Maßnahmen: - Information an Abt. XX/9

Verteiler
1 x Ltr. BV Berlin
1 x Ltr. Abt. XX über Stell. Op.
1 x KD Mitte

Zirr
Unterleutnant

Aus der Akte OV »Satan«

Der wusste davon natürlich nichts, aber ich war mir sicher, dass die Stasi bei ihm nicht nachfragen würde. Es folgten stundenlange Einzelverhöre. Die Stasi behielt die Video-Kamera und meine Fotoausrüstung. Zu Hause bei Guntram versuchte der uns mit Messwein aus seiner Kirche zu trösten. Was ich damals nicht wusste: Guntram hatte uns verraten. Er war IM »Goldberg«.

Zurück in Berlin musste ich schnellstmöglich meine beschlagnahmte Technik nachträglich legalisieren. Zu dieser Zeit verließen fast täglich Freunde und Bekannte die DDR. Ganz legal mit einem Ausreiseantrag. Also ging ich zu einem Freund, der am nächsten Tag ausreisen würde, wir entwarfen einen zurückdatierten Kaufvertrag, den er mir unterschrieb. Am nächsten Tag wäre er im Westen, da konnte die Stasi ihn nicht mehr befragen. Und eine Video-Kamera zu besitzen, war ja nicht strafbar.

Sechs Wochen später haben wir alles beschlagnahmte Gerät zurück bekommen. In der Zwischenzeit konnten wir aber trotzdem weiter arbeiten. Roland Jahn hatte eine zweite komplette Videoausrüstung für uns organisiert.

Der Generalsekretär des Zentralkomitees der Sozialistischen Einheitspartei Deutschlands, damals der mächtigste Politiker der Deutschen Demokratischen Republik, Erich Honecker, bekam im Sommer 1989 vom damaligen Regierenden Bürgermeister West-Berlins, Walter Momper, den Vorschlag unterbreitet, dass beide Teile Berlins sich gemeinsam um die Olympischen Sommerspiele bewerben sollten. Honecker, wohl darüber erschrocken, dass die getrennten Teile Berlins der Welt eine Bühne bieten sollten, machte einen Gegenvorschlag: Leipzig solle 2004 die Spiele alleine ausrichten. Damit war Mompers Vorschlag vom Tisch.

Dann fahren wir doch mal nach Leipzig, überlegte ich mit Aram, und machen ein Porträt über die Messe- und Handelsstadt in Sachsen. Ich wusste von einer Gruppe, die meisten wesentlich jünger als ich – ich war ja mittlerweile schon dreißig –, die ein Haus in der Mariannenstraße 46 im Leipziger Osten besetzt hatten. Inzwischen war es teilweise schon legalisiert. Wir konnten dort übernachten. Gesine mit Freund Christian, Kathrin, Conny, Rainer, Frank, Kathrin, Uwe und noch einige andere empfingen uns. Alles ganz unkompliziert. Wir rollten unsere Schlafsäcke aus und freundeten uns bei Rotwein und Käse an.

Sie hatten genauso wie wir ihre Probleme mit der DDR, den überall sichtbaren Umweltproblemen, der schmutzigen Luft, den verdreckten Flüssen. Und warum musste jeder junge Mann zur Armee gehen und möglichst drei Jahre oder mehr dienen, um einen Studienplatz zu bekommen? Warum gab es keinen Wehrersatzdienst oder keinen Friedensdienst in dem Land, welches sich gerne als Friedensstaat bezeichnete? Auch sie wollten das Land verändern. Es war wichtig für uns, solche Leute zu kennen, die sich am Ort auskannten und denen wir vertrauen konnten.

Ruine in Leipzig, Abbildung aus dem Film, September 1989

Der nächste Tag war schon Drehtag [QR-Code »Leipzig1989« S. 157]. Es lief alles sehr schnell und unkompliziert. Uwe vermittelte Ernst, und Ernst stellte keine Fragen. Er zeigte uns Häuserzeilen in den Ortsteilen Volkmarsdorf, Reudnitz und Connewitz, alles verfallen. Einmal standen wir in einem Hinterhof und dachten, hier wohnt doch keiner mehr. Doch dann sah ich, dass sich die Gardinen bewegten, sie wurden zur Seite geschoben, das Fenster öffnete sich und eine Frau mit Kleinkind rief uns zu: »Fotografiere das hier doch mal, setze es in die Zeitung, wie wir hier leben.« Ja, genau das war es, worum es uns ging, zeigen, in welchem Dreck und Schmutz wir leben mussten.

Abbildung aus dem Film über Leipzig, September 1989

Ernst hatte uns vier Gesprächspartner besorgt – sich kritisch vor der Kamera zu äußern, war damals im Sommer 1989 noch sehr mutig. Sie redeten offen und ohne Angst, sagten ihre Meinung, auch deswegen ist diese Stadt für mich zu Recht die Heldenstadt.

Siegbert Schefke in Leipzig, Mariannenstraße, September 1989

Keiner der vier konnte sich Leipzig als Olympiastadt vorstellen, diese Stadt der Ruinen.

Roland wollte, dass wir in die Nordstraße fahren, er hatte gehört, dass dort sichtbare Prostitution betrieben wurde. Etwas, was im Arbeiter und Bauernstaat streng verboten war. Aram und ich fuhren die Nordstraße hoch und auch wieder runter. Keine Frau ließ sich blicken, und angesprochen wurden wir auch nicht. Lag es vielleicht am Trabant? Ein Jahr später hat Roland dann selber recherchiert und bekam einen Beitrag zusammen. Er hatte auch ein anderes Auto…

Am letzten Drehtag bauten wir die Kamera im Hof der Mariannenstraße auf, und Kathrin, Frank, Uwe und Conny erzählten uns von ihren Träumen und wie sie sich die Zukunft in der DDR vorstellten. Wochen zuvor hatten sie ein Straßenmusikfestival in der Stadt organisiert, es durfte nicht stattfinden. Jetzt redeten sie vor der Kamera darüber. Frank: »Ich sehe keine Logik darin, wie die herrschenden Kulturfunktionäre diese Sache unter-

Leipzig, Hof in der Mariannenstraße, wo gedreht wurde, September 1989

binden wollten, indem sie hart mit ihrer Polizei eingriffen. Solange die Interessen in diesem Land nicht geachtet werden, sehe ich keine Zukunft für dieses Land.« Danach Uwe: »Es wird eben sofort versucht, emanzipatorische Gedanken von diesem totalitären Staat zu unterdrücken, im Keim zu ersticken. Eigenständige Veranstaltungen will dieser Staat nicht sehen. Ich denke, dass gerade im vierzigsten Jahr der DDR ein Festhalten an stalinistischen Formen nicht mehr geht, unmöglich ist.« Einfache, klare Gedanken von zwanzigjährigen Leipzigern, drei Monate vor der Maueröffnung gesprochen in einem Leipziger Hinterhof. Der Film lief im September 1989 im Politmagazin *Kontraste* der ARD. Heute kann er bestellt werden bei der Bundeszentrale für politische Bildung. Interessierte Lehrer zeigen ihn, gelegentlich werde ich eingeladen, um als Zeitzeuge zu berichten. Es gilt der Satz von August Bebel: »Nur wer die Vergangenheit kennt, kann die Gegenwart verstehen und die Zukunft gestalten.«. Auf der Internetseite des Bundesbeauftragten für die Unterlagen des Staatssicherheitsdienstes der ehemaligen Deutschen Demokratischen Republik (BStU) ist zu lesen: »Je besser wir Diktatur begreifen, umso besser können wir Demokratie gestalten«.

Letztendlich bestand das Leben für mich im Organisieren. In der Mangelwirtschaft musste alles »ran geschafft« werden. Schon alleine, wenn im Mikrofon an der Kamera die kleine Knopfbatterie am Ende war, musste eine neue über die Grenze gebracht werden. Entweder schickte Roland extra jemanden oder ich bekam sowieso West-Besuch, dann brachte der das Ersatzteil mit. Ich hatte viel Besuch aus West-Berlin, aus West-Deutschland und auch aus anderen Ländern.

Ich lernte Stephan kennen, der den Jugendaustausch zwischen Franzosen und West-Berlinern organisierte. In der Austauschwoche war auch immer ein Tag in der Hauptstadt der DDR vorgesehen. Nur war dieser Teil der Stadt Stephan sehr fremd. Außer dem Alexanderplatz und der Museumsinsel wusste er nichts

Schefke nutzt seine Tätigkeit im"Redaktionskreis der UB" dazu aus, daß er im Rahmen seiner Kontakte und Verbindungen ins Operationsgebiet für Reisegruppen, Schulklassen u. ä. aus dem NSW, Stadtführungen durch Berlin organisiert, bei denen er auch die Räumlichkeiten der "UB" vorstellt und diesen Personengruppen Vorträge über die Aktivitäten und die Zielstellungen der "UB" hält. Für diese Tätigkeit wird er von seinen Kontaktpartnern aus dem OG zum Teil in Devisen bzw. mit westlichen Konsumgütern bezahlt.

Im Rahmen dieser Aktivtäten erwirkte Schefke bei einer Reisegruppe von Architekten und Bauingenieuren aus den Niederlanden, daß diese ihn mit einem an die zuständigen staatlichen Stellen gerichteten Schreiben zu einem Symposium über"Stadterneuerung in Berlin und Rotterdam" als "Referenten" einluden. Durch den Betrieb Schefkes wurde eine Reise Schefkes nach Rotterdam mit der Begründung abgelehnt, daß Schefke mit seiner Persönlichkeit in keiner Weise dfür geeignet sei, das Bauwesen der DDR im Ausland zu repräsentieren, da er derzeit nicht einmal in der Lage sei, den Plan auf den ihm mit unterstehenden Baustellen zu erfüllen.

Aufgrund der Absage der staatlichen Organe der DDR wurde von o. g. "Symposium" ein Protesttelegramm an den Oberbürgermeister der Hauptstadt gesandt, in dem Unmut über die Nichtgenehmigung der Reise Schefkes geäußert wird (Telex der DP vom 22.09.87). Gleichzeitig mit diesem Protesttelegramm richtete Schefke zu diesem Problem eine Eingabe an die Bezirksleitung Berlin der SED, die jedoch unter der gleichen Begründung wie von seiten des WBK Berlin zurückgewiesen wurde. (siehe Aussprachevermerk der SED-BL vom 28.09.87)

Auszug aus der Akte OV »Satan«, März 1988

Mit Bruce aus New York, 1985

mit dem grauen Osten anzufangen. Also bot ich ihm Alternativen an: einen Stadtspaziergang, verbunden mit einem kleinen Vortrag zum Widerstand in der DDR; nach dem Besuch in der UB und dem Buchladen Essen gehen und am Abend noch ein ausgesuchtes Konzert oder in die Disko.

Schnell sprach sich mein Programm herum, und so meldeten auch andere Besuchergruppen ihr Interesse an. Der DGB aus Hamburg, der Spanisch-Deutsche Jugendaustausch und so weiter. Auch gab es Gruppen aus den USA und Israel. Ich machte das immer am Mittwoch, es war leicht verdientes Geld, und in der Regel wurde ich in der bevorzugten Währung bezahlt. Nach dem Mauerfall habe ich einigen einen Gegenbesuch abgestattet – in Kanada, in New York, in München, Paris, Portugal.

LEIPZIG, HELDENSTADT

Ich hatte nicht nur durch den Film über Leipzig das Gefühl: Wenn etwas in der DDR passieren würde, dann in Leipzig. Die jungen Leute waren anders, das spürte ich. Montag für Montag fuhren wir hin. Die Leipziger Freunde wollten aus der Kirche raus, auf die Straße. Sie versuchten es immer wieder. Den Protest auf die Straße bringen, war das wichtigste Ziel.

Observationsfoto des MfS während der Montagsdemonstration in Leipzig nach dem Friedensgebet in der Nikolaikirche, 3. März 1989. Von links: Frank Z. alias IM Reinhard Schumann, Siegbert Schefke, Aram Radomski

Am Montag, den 2. Oktober, wollten wir wieder nach Leipzig. Mein Trabant war inzwischen fünfzehn Jahre alt und nicht mehr so zuverlässig. Es gab stets einen Zwischenstopp an der einzigen Autobahnraststätte Köckern. Tanken und dann weiter. In Leipzig angekommen, trafen wir uns mit unseren Freunden. Uwe war unruhig. Es waren viele Menschen unterwegs. Um 17 Uhr Friedensgebet in der Nikolaikirche – die Kirche war voll. Nach dem Gebet setzte sich der Demonstrationszug in Bewegung, es ging auf den Innenstadtring. Alle hatten Angst. Keiner trug was in der Hand, denn wenn es knallte, wollten alle nur schnell weg rennen. Als ich Anstalten machte, meine Kamera, die ich in einer Plastiktüte verstaut hatte, auszupacken, starrten uns die Menschen um uns entsetzt und fragend an. Waren wir von der Stasi? Wer will schon auf einer verbotenen Veranstaltung gefilmt werden! Wir stellten uns abseits und wollten vom Straßenrand aus filmen. Doch da stand alles voller Stasi-Büttel. Irgendwann gaben wir entnervt auf, setzten uns in den Trabant, tankten wieder in Köckern und fuhren frustriert nach Berlin zurück. Wir hatten nun eine Woche Zeit um nachzudenken. Für uns war klar, in einer Woche würden wir wieder nach Leipzig fahren und dann nicht wieder mit leeren Händen zurückkommen.

Die Ereignisse in der folgenden Woche überschlugen sich. Am 7. Oktober wollten die Genossen den vierzigsten Jahrestag der Republik begehen. Allen war nicht nach Feiern zumute. Das Land befand sich in einer Art Schockstarre. Zehntausende hatten das Land in diesem Jahr bereits verlassen. Die westdeutschen Botschaften in Prag, Budapest und Warschau wurden von Ausreisewilligen besetzt. Der berühmte Satz von Hans-Dietrich Genscher, dem damaligen Bundes-Außenminister auf dem Balkon der Prager Botschaft, des Palais Lobkowicz, am 1. September befreite und befeuerte die Situation. Tausende standen dort im Garten und wollten ihre Ausreise erzwingen. Genscher rief ihnen zu: »Wir sind heute zu Ihnen gekommen, um Ihnen mitzuteilen, dass heute Ihre

Ausreise….« Der Rest ging im Jubel der Wartenden unter. Die Menschen wurden mit Bussen zum Bahnhof in Prag gebracht und fuhren über das Gebiet der DDR in den Westen. An der Bahnstrecke in Sachsen standen wiederum Tausende, die mitfahren oder zumindest den Menschen im Zug zuwinken wollten. Was Polizei und Militär zu verhindern suchten. In Dresden wurde geprügelt. Wut und Ratlosigkeit in der DDR steigerten sich gewaltig.

Die Stasi erhöhte den Druck auf mich: Vor dem Haus, in dem ich wohnte in Prenzlauer Berg, lungerten jetzt immer drei bis vier Stasi-Leute rund um die Uhr herum. Ging ich zum Bäcker, kamen die Schlapphüte mit. Ging ich zur Gethsemanekirche, kamen sie im Abstand von fünf Metern hinter mir her und warteten vor der Kirchenpforte. Danach begleiteten sie mich wieder. Auch

Observierungsfoto des MfS: Siegbert Schefke beim Einkaufen

wenn ich meine Freundin Dörte besuchte, kamen sie bis zur ihrer Hauseingangstür mit.

Die Tage um den Geburtstag der Republik waren in Berlin von Aufruhr geprägt. Die Widerstandsnester waren bei mir um die Ecke, die Gethsemanekirche und auf der Schönhauser Allee. Wasserwerfer, gepanzerte Räumfahrzeuge sowie Schneepflüge standen auf der Fahrbahn. Die Demonstranten riefen: »Keine Gewalt!« Das DDR-Fernsehen behauptete das Gegenteil. Die Dauerbewachung durch die Stasi zeigte Wirkung. Ich war total verunsichert. Die Videokamera blieb zu Hause. Abends standen sie im Hauseingang, es war dunkel und einer raunte mir ins Ohr »Herr Schefke, wir können auch anders.« Ich saß oben in meiner Wohnung, allein, ohne Telefon. Die Genossen standen im Hof.

Der MfS observiert bei mir im Hinterhof

So war es auch am 7. Oktober. An diesem Tag wollten Freunde die »Sozialdemokratische Partei in der DDR« (SDR) im Pfarrhaus in Schwante bei Berlin gründen. Aram und ich sollten das mit unserer Video-Kamera festhalten. Ich konnte mich ja nicht ohne

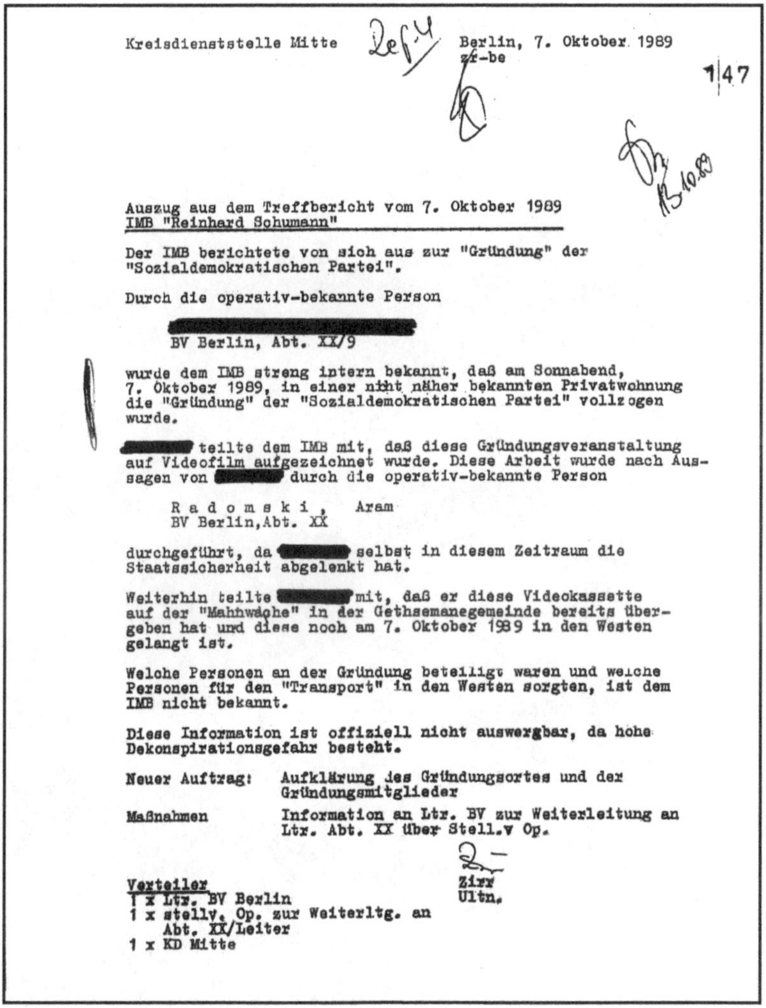

Kreisdienststelle Mitte — Berlin, 7. Oktober 1989
zr-be

147

Auszug aus dem Treffbericht vom 7. Oktober 1989
IMB "Reinhard Schumann"

Der IMB berichtete von sich aus zur "Gründung" der "Sozialdemokratischen Partei".

Durch die operativ-bekannte Person

[redacted]
BV Berlin, Abt. XX/9

wurde dem IMB streng intern bekannt, daß am Sonnabend, 7. Oktober 1989, in einer niht näher bekannten Privatwohnung die "Gründung" der "Sozialdemokratischen Partei" vollzogen wurde.

[redacted] teilte dem IMB mit, daß diese Gründungsveranstaltung auf Videofilm aufgezeichnet wurde. Diese Arbeit wurde nach Aussagen von [redacted] durch die operativ-bekannte Person

R a d o m s k i , Aram
BV Berlin, Abt. XX

durchgeführt, da [redacted] selbst in diesem Zeitraum die Staatssicherheit abgelenkt hat.

Weiterhin teilte [redacted] mit, daß er diese Videokassette auf der "Mahnwache" in der Gethsemanegemeinde bereits übergeben hat und diese noch am 7. Oktober 1989 in den Westen gelangt ist.

Welche Personen an der Gründung beteiligt waren und welche Personen für den "Transport" in den Westen sorgten, ist dem IMB nicht bekannt.

Diese Information ist offiziell nicht auswertbar, da hohe Dekonspirationsgefahr besteht.

Neuer Auftrag: Aufklärung des Gründungsortes und der Gründungsmitglieder

Maßnahmen: Information an Ltr. BV zur Weiterleitung an Ltr. Abt. XX über Stell.v Op.

Zirr
Ultn.

Verteiler
1 x Ltr. BV Berlin
1 x stellv. Op. zur Weiterltg. an Abt. XX/Leiter
1 x KD Mitte

Aus der Akte »Satan«

die Genossen aus dem Haus bewegen. Also erledigte Aram diesen heiklen Dreh alleine, es entstanden nur wenige Bilder. Ibrahim Böhme verbreitete Unruhe und Hektik, und die zwanzig Gründungsmitglieder ließen sich davon anstecken. Aber das Material reichte aus, um zu beweisen, dass eine Partei ohne Genehmigung in der DDR gegründet werden konnte.

Montag, den 9. Oktober wollten Aram und ich wieder nach Leipzig. Die Stasi stand wie immer im Hof und glotzte hoch zu

Observierungsfoto des MfS: Siegbert Schefke in der Bäckerei

mir in den vierten Stock. Ich ging zum Bäcker, die Genossen hinterher. Ich wieder in meine Wohnung. Aber Aram und ich hatten einen Plan ausgeheckt: Ich hatte Zeitschaltuhren an der Tischlampe im Wohn- und im Schlafzimmer installiert. Licht an – Licht aus. Ein letzter Kontrollblick aus dem Fenster. Die Genossen im Hof gönnten sich im Stehen eine Bockwurst. Ich stieg über die Luke auf das Dach und lief die Hausdächer entlang der Bornholmer Straße bis zur Schönhauser Allee. Dort stieg ich wieder durch eine Dachluke ins Treppenhaus. Aram wartete bereits auf mich.

Irgendwann hatten wir das Gefühl, dass wir verfolgt würden. Wir fuhren in die Oderberger Straße und stellten dort den Trabant von Aram ab. Gingen durch den Innenhof, bekannt als Hirschhof (eine Eisenskulptur stand im Hof), und kamen über andere Höfe an der Kastanienallee wieder raus. Die Schlapphüte rannten uns hinterher. Es kam die Straßenbahn Richtung Friedrichshain, die wir mit Mühe erreichten. Die Verfolger nicht. Wir freuten uns und fuhren zu Stephan Bickhardt. Er gab uns seinen Trabant. Stephan arbeitete bei der Evangelischen Kirche und besaß einen Dienst-Trabi. (Er war dann auch zehn Jahre später der Pfarrer, der mich und Claudia traute.) Nun waren wir auf der Autobahn Richtung Leipzig, tankten wie immer in Köckern, und weiter ging die wilde Fahrt mit Tempo 110. Dann vor uns eine sehr lange LKW-Kolonne. Vielleicht dreißig Fahrzeuge, auf den Ladeflächen Soldaten oder Polizisten. Aram sagte »Siggi, die fahren nicht zum Spaß nach Leipzig. Die haben da was vor.« Wir schwiegen. Dann bogen wir von der Autobahn ab. Stau auf der Landstraße Richtung Leipzig. Volkspolizei winkte einige Autos raus. Uns ging die Muffe. Wir saßen in einem eher unauffälligen Trabant. Sie winkten uns durch. Wir liefen auf der Suche nach einem guten Ort für den Dreh durch die Stadt. In den Seitenstraßen standen Militär-Fahrzeuge. Wir wussten, heute wollten wir nicht demonstrieren, wir wollten von »oben« filmen. Heutzutage mit einer Drohne ein Kinderspiel. Zweihundert Meter vom Leipziger

Hauptbahnhof entfernt steht das höchste Wohnhaus der DDR, mit Blick auf den Innenstadtring und in Richtung Nikolaikirche. Eine ideale Position. Im zehnten Stockwerk stand eine Balkontür offen. Wir legten uns hin. Der Blick war ideal. Es war gegen 14 Uhr, bis 18 Uhr hatten wir noch sehr viel Zeit.

Doch kaum hatten wir uns einigermaßen eingerichtet, öffnete sich die Balkontür. Ein bulliger, schon etwas älterer Mann im Blaumann stand vor uns. Wir guckten uns verdutzt an. Der Mann fauchte: »Ich bin hier der Hausmeister, was macht ihr denn hier?« Ich stammelte: »Wir sind Studenten, kommen von der Filmhochschule aus Potsdam-Babelsberg und haben den Auftrag, hier zu filmen.« Mir fiel nichts anderes ein. Der Blaumann: »Also nun hört mal zu. Ihr wisst, dass das Blödsinn ist. Das ganze Hochhaus ist voller Genossen der Staatssicherheit. In ein paar Minuten sind die hier, und die werden euch eure Geschichte nicht abnehmen. Was ich glaube, ist egal. Ich rate euch, haut einfach ab und filmt von wo anders für eure Hochschule.«

Wir zögerten nicht, seinen Rat zu befolgen. Nun standen wir wieder auf der Straße. Unweit der Stasi-Zentrale, Ecke Trödlinring/Goerdelerring, befand sich ein Wohnhaus, dessen Giebelfenster einen sehr guten Blick auf die zu erwartenden Demonstranten boten. Die Haustür war nicht abgeschlossen. In der dritten Etage klebten an der Tür Aufkleber: »Atomkraft Nein Danke«, »Kirche von unten«, »Frieden schaffen ohne Waffen«. Das sollte doch Hinweis genug sein, dass hier ein Sympathisant unserer Sache wohnte. Wir klingelten, die Tür öffnete sich, wir wurden eingelassen. Wir ersparten uns und der kleinen Familie die Legende von der Filmhochschule Potsdam-Babelsberg und sagten die Wahrheit. Die Augen unseres Gastgebers leuchteten auf. Aber unsere Blicke blieben auf den kleinen Kindern hängen. Es war klar, die Stasi würde den Drehort heraus finden. Und dann stünden nicht die beiden Berliner Videodesperados vor der Tür, sondern die Stasi, und die würde den Familienvater verhaften. Aram und ich guckten uns an und waren uns einig, dass wir diese Verantwortung nicht übernehmen konnten. Wieder standen wir auf der Straße. Es war schon halb vier. Wir trafen Uwe Schwabe und zwei, drei andere Leipziger. Darunter einen Freund, bei dem wir schon im September mal geschlafen hatten. Er schlug vor, dass wir es doch mal in der Reformierten Kirche probieren sollten.

Die Straßen waren voller Menschen. Heute sollte nicht nur in der Nikolaikirche ein Friedensgebet stattfinden, sondern zeitgleich in vier anderen Kirchen. Einer der Leipziger rechnete mit hunderttausend Menschen. Ich fand das etwas zu hoch gegriffen. Ein anderer warf die Zahl fünfzigtausend in die Runde. Das war mir entschieden zu wenig. Wir einigten uns auf siebzigtausend Demonstranten, die heute Abend auf dem Innenstadtring unterwegs sein würden.

Uns lief die Zeit davon. Wir klingelten am Gemeindebüro der Reformierten Kirche. Pfarrer Hans-Jürgen Sievers öffnete die Tür. Wir sagten ihm, was wir vorhatten. Da standen wir nun und schwiegen. Was, wenn er NEIN sagen würde? Es dauerte zehn Sekunden. Dann sagte er: »Natürlich geht das.«

Der Hausmeister führte uns über eine sehr schmale, eiserne »Hühnerleiter« nach oben und schob eine schwere Dachluke zur Seite. Wir waren auf der obersten Plattform des Kirchturms angekommen. Wir legten uns auf den Boden, was nicht so angenehm war, denn er war von Taubendreck übersät.

Unten war alles noch menschenleer und dunkel. Keine Autos, keine Straßenbahn, keine leuchtende Straßenlampe und fast keine Menschen. Zuerst hörten wir sie nur. Würde geschossen werden? In den Staatszeitungen war geraten worden, dass die Bürger zu Hause bleiben sollten.

Wir warteten. Sprechchöre waren zu hören. Dann kamen sie, eine unbeschreiblich große Menschenmenge näherte sich. In wenigen Minuten bewegte sie sich direkt unter uns. Welch eine Anspannung, wir waren total aufgeregt, Wir hatten keinen Moni-

Montagsdemonstrationen, Leipzig, 9. Oktober (S. 98), 16. Oktober 1989 (oben)

tor, nur den kleinen Sucher. Später hörten wir uns auf dem Band flüstern: »Ist da überhaupt was zu erkennen?« Einfach weiter drehen, nur laufen lassen. Aram fotografierte. Unten die Sprechchöre: »Wir sind das Volk«, »Neues Forum zulassen«, »Gorbi, Gorbi«, »Völker hört die Signale, auf zum letzten Gefecht! Die Internationale erkämpft das Menschenrecht«.

Die SED-Genossen hatten immer wieder behauptet, dass in Leipzig einige wenige besoffene Randalierer und Rowdys durch die Straßen ziehen und Unruhe verbreiten wollten. Darauf reagierten die Sprechchöre: »Wir sind keine Rowdys«.

Wir waren überwältigt und Aram raunte: »Siggi, heute wird sich die Welt verändern. Wenn die Bilder morgen im West-Fernsehen zu sehen sind, dann wird das nicht nur die DDR, nicht nur Deutschland, sondern ganz Europa und die Welt verändern!«

Fünfhundert Meter von unserem Kirchturm entfernt verlief die

Route der Demonstranten an der Runden Ecke vorbei. Das war der neuralgische Punkt. Dort befand sich die Zentrale der Leipziger Stasi. Wenn von da nicht geschossen wurde, dann wussten alle, dass es friedlich bleiben würde. Drüben auf den Dächern der Hochhäuser standen Geheimpolizisten und beobachteten, was sich unten auf der Straße abspielte. Ich dachte, wenn wir sie sehen, sehen sie uns auch. Bestimmt fangen sie uns später am Kircheneingang ab. Aber erst einmal atmeten wir auf und waren glücklich, dass kein Schuss gefallen war. Anschließend bewirteten uns Pfarrer Sievers und seine Frau mit Schnittchen. Bevor wir gingen, musste der sechzehnjährige Sohn auskundschaften, ob auffällige Personen vor der Tür ständen. Die Luft war rein, wir verabschiedeten uns.

Wir waren mit Ulli Schwarz verabredet. Ulli war der Korrespondent des »Spiegel«, der sich eigentlich gar nicht in Leipzig aufhalten durfte. Reisen außerhalb der DDR-Hauptstadt mussten sich West-Journalisten vom DDR-Außenministerium genehmigen lassen. Und Reisen nach Leipzig wurden im Herbst 1989 generell nicht genehmigt. Ulli war mit seinem Mercedes nach Berlin-Schönefeld gefahren und von dort mit der Eisenbahn weiter nach Leipzig. Er war wohl an diesem Tag der einzige West-Journalist in der Stadt. Noch heute wundert er sich über seine Kollegen und deren Feigheit. In der Drehtür eines großen Hotels steckte ich ihm die Videokassette mit zirka zwanzig Minuten Drehmaterial zu. Er ließ sie unter seinem Mantel verschwinden. Wir setzten uns in die Lobby und überlegten, wie es weiter gehen sollte. Ein Zug zurück nach Berlin fuhr in dieser Nacht nicht mehr. Kurz entschlossen packten wir Ulli in unseren Wagen – irgendwie musste er ja zu seinem Benz nach Berlin-Schönefeld kommen. Kurz vor Köckern begann der Trabant zu stottern. Er fuhr nur noch fünfzig Kilometer die Stunde. An der Autobahnraststätte riet uns der Tankwart: »Jungs, euer Trabi läuft nur noch auf einem Topp, einfach weiter fahren und beobachten.« Zwei Stunden später fuhr Ulli von Schönefeld aus mit der Kassette in seinem Mercedes Richtung Westen, und ich tuckerte zur Schönhauser Allee, stieg die Treppen rauf zur Dachluke, öffnete diese, lief im Dunkeln bis zur Dachluke Gotlandstraße 4 und war schließlich in meiner Wohnung. Ich ging zum Fenster und schaute in den Hof. In einer Ecke standen die Stasileute und rauchten Zigaretten. Mein Plan war aufgegangen.

Am nächsten Tag begleiteten sie mich wieder zum Bäcker. Dann zogen sie überraschend ab. Am Abend kam Aram. 20 Uhr-Nachrichten in der Tagesschau – keine Bilder von uns aus Leipzig. 21 Uhr in der ARD das Politmagazin *Report* mit Franz Alt. Ohne große Anmoderation wurden zwei Minuten lang unsere Bilder gezeigt. Dann Tagesthemen in der ARD. Der Moderator Hanns Joachim Friedrichs begann: »Guten Abend, meine Damen und Herren, Sie werden gleich unglaubliche Bilder aus Leipzig zu sehen bekommen. Einem italienischen Kamerateam ist es gelungen, gestern Abend in Leipzig folgende Bilder zu drehen.« Enttäuschung bei uns. Ja, ja, die Italiener mal wieder! Aber auch Freude, dass es bessere Bilder gab als unsere Wackelaufnahmen.

Sekunden später trauten wir unseren Augen nicht. Es waren unsere Bilder, die über den Bildschirm flimmerten. Welch ein Jubel, welch eine Genugtuung! Jahre später habe ich den Moderator in Hamburg einmal besucht und gefragt, wie er auf Italiener gekommen sei. Er antwortete: »Es musste alles ganz schnell gehen. Letztendlich wollte ich euch schützen.« [QR-Code »9.10.1989 Montagsdemonstration Leipzig« und »Deutschland-Leipzig 1989 – Die verbotenen Demo-Bilder« S. 157/158]

Tina Krone, Leiterin des Archivs der Robert-Havemann-Gesellschaft, sagte in einem Interview am 10. Oktober 2016, zu finden unter www.revolution89.de im Blog *Fundstücke* folgendes zu unseren Aufnahmen:

»Dieser Film vom 9. Oktober 1989 aus Leipzig, der von zwei Berlinern aufgenommen wurde, ist für mich beeindruckend, weil darin alles zusammenkommt. Er zeigt, warum die Revolution 1989 begonnen hat, und gleichzeitig wird darin auch schon das Ende der DDR sichtbar. In den Nächten vom 7. und 8. Oktober 1989 hatte die Volkspolizei in Ost-Berlin brutal auf Menschen eingeprügelt. Es gab über eintausend Festnahmen. Teilnehmer eines Gebetes in der Gethsemanekirche waren eingekesselt worden und mussten wahre Gewaltorgien erleben. Dann kam der 9. Oktober und alle schauten nach Leipzig. Die Situation war sehr angespannt, es war klar, die Regierenden wollten ein Exempel statuieren. Trotz der Verhaftungen hatten sich immer mehr Menschen an den Montagsdemos beteiligt. Alle spürten: An diesem Montag fällt die Entscheidung. Ich habe den ganzen Tag Westradio gehört, die DDR-Sender haben natürlich nichts berichtet. Aus Leipzig erreichten uns Gerüchte, dass Blutkonserven geordert worden seien, das Eltern ihre Kinder aus den Kindergärten bis 15 Uhr abholen sollten, dass die Geschäfte in der Innenstadt schließen würden. Angeblich war die NVA schon in Alarmzustand, irgendwer hatte schon Panzer gesichtet. Es wurde Angst verbreitet, und die übertrug sich auf die ganze DDR. So wollte die Staatsmacht die Demonstration verhindern. Aber das Konzept ging nicht auf, die Leute kamen erst recht. Es war ein Tag, an dem alle das Gefühl hatten, sich entscheiden zu müssen: für oder gegen Veränderungen. Viele sagten später, sie hätten es nicht verantworten können – weder vor sich, noch ihren Kindern gegenüber –, an diesem Montag nicht Farbe bekannt zu haben. Die Leipziger waren fast alle auf der Straße, auf der einen oder anderen Seite, wie man heute weiß. Im Film hört man nur Sprechchöre: ›Wir sind das Volk‹ und ›Schließt euch an‹. Man sieht keine Transparente, trotzdem sind die Bilder so machtvoll. Zu der Geschichte gehört auch, dass der SED-Bezirkssekretär aus Leipzig beim Politbüro in Berlin anrief und um eine Entscheidung bat. Egon Krenz, der für Sicherheitsfragen zuständig war, versprach zurückzurufen. Doch der Rückruf kam zu spät. Da entschieden die Verantwortlichen vor Ort offenbar: Dieses Blutbad richten wir nicht an. Ich war in Berlin in der Gethsemanekirche, und es war ganz anders als in den Tagen zuvor. Es war dort kein einziger uniformierter oder ziviler Polizist, kein Staatssicherheitsangestellter, keine Bereitschaftspolizei. Die waren abgezogen worden. Die gute Nachricht war in Berlin angekommen. Jemand ist auf den Kirchturm und hat die Glocken geläutet. Dazu die Kerzen in den Fenstern der Anwohner. Zeugen dieser Tage erinnern sich bis heute daran: Die Anwohner waren aus ihrer Anonymität herausgetreten, hatten ganz persönlich – unter Angabe ihrer Adresse sozusagen – Solidarität mit denen bewiesen, die verhaftet wurden. Nach den fürchterlichen Wochen davor kam jetzt ein tiefes Gefühl von Erleichterung auf. Das Gefühl von Befreiung, das überträgt sich bis heute, wenn ich diese Bilder sehe.«

Christoph Links (heute Verleger, Buchautor und Herausgeber) war am 9. Oktober in der Gethsemanekirche in Berlin und erinnert sich:

»Gegen 21 Uhr kam in der Kirche die Meldung, dass die Montagsdemonstration in Leipzig erfolgreich und friedlich geblieben war. Nun zogen sich auch hier die Sicherheitskräfte zurück. Wir haben Kerzen aus der Kirche auf die Kreuzung getragen und den Sieg über die gewaltige Staatsmacht gefeiert. In der Nacht ist mir bewusst geworden, dass sich die Machtfrage entschieden hat und das alte System zurückweicht. Und so kam es dann auch: die Woche drauf ist Honecker zurückgetreten, dann kam der Rücktritt der Regierung, der Rücktritt des Politbüros und schließlich die Maueröffnung.«

Aber soweit war es noch nicht. Die Arbeit ging weiter. Leipzig war der bedeutende Schritt auf dem Weg zu Veränderungen im Land gewesen. Aber wichtig wurde nun, der neuen politischen Bewegung ein Gesicht zu geben. Immer mehr Mutige trauten sich vor die Kamera: Bärbel Bohley, Ulrike Poppe, Marianne Birthler, Carlo Jordan, Friedrich Schorlemmer, Jens Reich, Markus Meckel, Martin Gutzeit, Ibrahim Böhme (der einzige Verräter unter den Aufgezählten), Gerd Poppe, Stephan Bickardt und viele andere. Es war Stress ohne Ende, immer wieder mussten Treffen vereinbart, neue Drehorte gefunden werden. Drehorte, die nicht nachvollziehbar für die Stasi sein sollten. Arams Wohnung in Berlin-Mitte war zentral gelegen. Wir setzten unsere Interviewpartner vor eine weiße Wand, Marke Erfurter Rauhfasertapete, und stellten ab und zu die einzige Grünpflanze, die wir hatten, davor. Doch die dekorative Yucca-Palme gefiel Roland nicht. Also haben wir sie wieder weggeräumt – es blieb bei der Erfurter Rauhfasertapete.

Dazu kamen Übergabetermine mit den Kurieren. Ich hatte drei Hauptkuriere, und jeder tickte anders. Alle drei waren West-Journalisten, die großes Interesse hatten an besonderen Geschichten, die ich ihnen besorgte. Die monatlich erscheinenden UB-Blätter wurden mir quasi aus der Hand gerissen. Einmal z.B. fragte mich Ulli Schwarz, ob ich nicht jemanden kenne, der über den Mangel an Ärzten im Land zuverlässig etwas sagen könnte. Im Sommer 1989 hatte auch viel Fachpersonal aus den Krankenhäusern die DDR verlassen. Aber es gab keine konkreten Zahlen darüber. In der UB verkehrte Dr. Edgar Wallisch. Als ich noch Oberbauleiter war, hatte er mich gelegentlich krank geschrieben. Ich fragte Edgar, ob er zu dem Thema recherchieren könnte. Edgar lieferte konkrete Zahlen vom Personalschwund an der Berliner Charité und aus dem Krankenhaus Berlin-Buch. Ulli hatte seine Geschichte.

Diese Verabredungen zwischen uns waren allerdings schon abenteuerlich: Wir hatten ein ganz besonderes System entwickelt. Ich rief Ulli aus einer Telefonzelle in seinem Ost-Berliner Büro an. Er meldete sich, ich hustete drei Mal, Ulli hustete zwei Mal. Das bedeutete, dass er in drei Stunden nicht kommen konnte, aber in zwei. Da konnte ich aber nicht und so hustete ich einmal zurück und wir trafen uns eine Stunde später an einem vorher abgesprochenen Ort.

BStU 000090 6

Eine rechtliche Einschätzung der genannten Sendebeiträge bzw. Zeitungsartikel durch die Linie IX liegt derzeit noch nicht vor, sie wird jedoch im kommenden Berichtszeitraum in Auftrag gegeben. (siehe OP)

[redacted] beauftragen Schefke ständig, sie über alle möglichen Aktivitäten PUT (Lesungen, Zusammenkünfte, Videoabende etc.) umfassend zu informieren.

Zu diesem Zweck erhält Schefke durch Kuriere regelrechte "Auftragslisten" von [redacted], die er dann über einen bestimmten Zeitraum (meistens 1 - 2 Wochen) hinweg "abarbeitet". Inhaltlich laufen die von [redacted] gestellten Forderungen darauf hinaus, von Schefke Wertungen über o. g. Aktivitäten zu erhalten. Die durch Schefke erarbeiteten Ergebnisse werden durch ihn dann per Kurier bzw. fernmündlich an [redacted] übermittelt. (vgl. hierzu vorliegende Info. der HA III und der Abt. 26 für den Berichtszeitraum, eine Auflistung aller vorhandenen Einzelinformationen würde den Rahmen dieses SB sprengen)

Insbesondere [redacted] versucht über Schefkes Verbindungen einen intensiven Kontakt zur feindlichen Gruppierung "Arche" herzustellen und auszubauen. Zur weiteren Intensivierung drängt [redacted] darauf, "in Zukunft möglichst noch schneller informiert zu werden, wenn es etwas gibt". Er braucht das "ganz konkret mit Datum, Uhrzeit, wer, wann, wohin und so weiter". (vgl. hierzu Info. der Abt. 26/6, Nr. 6226/88/9/8 9 vom 5. 1. 1989)

Kuriersystem des Schefke ins Operationsgebiet

Zum Kuriersystem zwischen Schefke und [redacted] konnten bisher folgende wesentliche Erkenntnisse erarbeitet werden:

Schefke und [redacted] vereinbaren meistenteils bei fernmündlichen Verbindungsaufnahmen in gedeckter Form ("es kommt jemand Kaffee trinken" etc.), daß Schefke von einem Kurier besucht wird. Schefke trifft sich dann mit dem Kurier an einem schon vorher gedeckt vereinbarten Ort (zentrale staatliche Einrichtungen, Gaststätten, Sehenswürdigkeiten etc.) und übernimmt bzw. übergibt Material. Im Vorfeld des Treffs mit dem Kurier sichert sich Schefke nach allen Regeln der Konspiration ab.

(Prüfung, ob evtl. gegen ihn B-Maßnahmen laufen, nochmaliges Abfahren benutzter Wegstrecken, bewußt verkehrswidriges Verhalten etc.)

Der Kurier reist in der Regel unmittelbar nach erfolgtem Treff aus

Eine Schlüsselrolle im Kurierdienst von Schefke zu [redacted] spielt die operativ-bekannte WB-Bürgerin

[redacted] (12)
[redacted]

Seite aus der Akte OV »Satan«

Immer wieder musste man sich was Neues einfallen lassen, das war zeitaufwendig. Es war mir schon klar, dass die Stasi viel wusste, aber sie wusste eben nicht alles.

Zu Übergaben ging ich in der Regel alleine. Selbst Aram war selten dabei. Das hatte nichts mit Misstrauen, eher mit Vorsicht zu tun. Als ich einmal ein Interview mit Ibrahim Böhme zu Ende geführt hatte, wollte ich mich von ihm verabschieden, aber er wollte partout nicht gehen, er wollte einfach mitkommen. Er war zu diesem Zeitpunkt ein guter Freund von mir, eine schon fast geachtete Persönlichkeit in unseren Reihen. Ich wurde dann beinahe unhöflich, um ihn endlich loszuwerden.

Ibrahim Böhme hat es bis zum Ost-SPD-Parteivorsitzenden gebracht. Im Mai 1990 fanden sich überraschend Akten im Ministerium für Staatssicherheit. Der *Spiegel* deckte seine Tätigkeit als IM »Maximilian« auf. Am 26. März 1990 legte er alle Ämter nieder. Ibrahim hatte den Auftrag, herauszufinden, wie unsere Kassetten in den Westen gelangten.

Karl-Heinz Baum von der *Frankfurter Rundschau* war auch Kurier. Bei Karl-Heinz lief das anders. Er klingelte gelegentlich um Mitternacht an meiner Wohnungstür. Auch wenn es mir nicht passte, manchmal war ich nicht alleine, öffnete ich. Ich ahnte, dass er es war und mir was von Roland übergeben wollte.

Karl-Heinz war sehr groß, ein bisschen älter und sehr schwer. Vier Treppen musste er hochsteigen. Einmal kam er, war zufrieden, dass er mich angetroffen hatte und schlief auf meinem einzigen Sessel erst einmal ein. Um 1 Uhr wachte er verwundert auf und forderte mich auf, mitzukommen. Im Treppenhaus flüsterte er mir zu, dass ich ihm mit meinem Trabi folgen sollte. So fuhren wir mit zwei Autos durch das völlig menschenleere Ost-Berlin. Irgendwann hielt er in Berlin-Pankow, schleppte vier dicke Tüten aus dem Auto, legte sie hinter ein Gebüsch und verschwand im Dunkeln. Ich holte die Tüten und freute mich über mehrere Ausgaben der *taz*, der *Frankfurter Rundschau* und anderer Zeitschriften. Am nächsten Tag lag die ganze Ausbeute in unserer Umwelt-Bibliothek.

Ingomar Schwelz von der Nachrichtenagentur *Associated Press, AP*, gebürtiger Österreicher, hatte sogar eine Wohnung in Ost-Berlin. Er war ein bisschen unbesorgter, vielleicht auch bequemer. Er fand es am besten, die Übergabe der Tüten und Pakete abzuwickeln, wenn wir nebeneinander parkten. Diese Unkompliziertheit war mir aber auch nicht ganz geheuer. Noch zu DDR-Zeiten heiratete er eine Leipzigerin. Nach dem Mauerfall wurde die Ehe geschieden. Ihren IM-Decknamen habe ich vergessen.

FINALE UND TOTALSCHADEN

Wenn ich nicht mehr weiter wusste, ging ich in die UB oder in das Lokal *Metzer Eck* nahe des U-Bahnhofs Senefelderplatz. Eine kleine, traditionelle, alte Berliner Eckkneipe. Heute wie damals Raucherlokal. Ab und zu schaue ich noch mal rein. Die Zeit dort scheint sehr sympathisch stehen geblieben zu sein.

Der 9. November 89 war so ein Tag, der mich am Radio aufhorchen ließ. Da war eine Pressekonferenz mit Günter Schabowski, dem Ersten Sekretär der Bezirksleitung der SED von Ost-Berlin und Mitglied des Politbüros. Gegen 19 Uhr wurde es spannend. Da immer mehr DDR-Bürger den Wunsch hatten, das Land zu verlassen und andere nur mal für ein paar Tage raus wollten, stellte ein Journalist die Frage, wie denn die DDR-Führung in Zukunft damit umgehen wolle. Schabowski war etwas verwundert und erzählte etwas von einem neuen Reisegesetz. Alles hörte sich wie gewohnt langweilig und ausschweifend an. Eben Parteideutsch. Doch dann sagte Schabowski den Satz: »Deshalb haben wir uns dazu entschlossen, heute eine Regelung zu treffen, die es jedem Bürger möglich macht, über Grenzpunkte der DDR auszureisen.« Dann kam eine Nachfrage, ab wann das Gesetz gelten solle? Nun kramte der Schabowski einen Zettel hervor und stammelte: »Das gilt nach meiner Kenntnis ab sofort, unverzüglich … in Kraft.«

War es ein Versehen, hatte ich alles missverstanden, hatte ich nichts kapiert? Ich hatte nur was von sofort und unverzüglich in meinem Kopf gespeichert. Oder war es nur mein Wunsch, das Gehörte in meinem Sinne zu deuten? Ich fuhr sofort ins Metzer Eck.

Aram bog auch schon um die Ecke. Im Lokal waren rund zehn Freunde versammelt. Wir baten den Wirt, ob er nicht mal das Radio lauter stellen würde, denn wir wollten das alles noch mal zusammen hören. Aber was sagte der Wirt: »Kommunisten werden bei mir in der Kneipe nicht lauter gestellt. Die werden nur ausgeschaltet. Da müsst ihr woanders hingehen.« Nun war die Ratlosigkeit bei uns noch größer. Aram und ich schlugen vor, zu schauen, was sich an der Grenze tat. Unser Freund, der Szenefotograf Harald Hauswald, meinte: »Ja, ja. Siggi und Aram fahren heute in den Westen.« Lautes Gelächter begleitete diesen Satz. Darauf sagte ich : »Wenn wir in zwei Stunden nicht zurück sind, dann sind wir im Westen. Wir treffen uns um Mitternacht im *Kuckucksei* in Kreuzberg.« Das Gelächter nahm kein Ende.

Ich wusste, dass der ehemalige Ost-Berliner Hans Jürgen Buntrock die Kneipe *Kuckucksei* betrieb. Hans Jürgen hatte ich 1982 in den rumänischen Karpaten kennengelernt. Damals gab er mir sichere Tipps zum preiswerten Übernachten. Später nannten ihn alle den Friedenskoch. Er machte immer leckere Suppen auf unseren Festen und bei alternativen Seminaren. Daher hatte ich mir vorgenommen ihn unbedingt zu besuchen, sobald wir in den Westen kämen.

Es gab nur fünf Grenzübergänge, und wir beschlossen, zu dem zu fahren, der am nächsten zu meiner Wohnung lag. Ich rannte noch schnell hoch, um mir ein bisschen Westgeld, 50 DM, in die Tasche zu stopfen. Vorsichtshalber versteckte ich es in der Unterhose. Wir gingen zur Bösebrücke in der Bornholmer Straße. Bösebrücke ist tatsächlich der richtige Name. Die berühmt gewordene Bogenbrücke war zu DDR-Zeiten nach dem kommunistischen Widerstandskämpfer Wilhelm Böse benannt worden.

Etwa ein Dutzend Neugierige wie wir standen dort herum. Ein Grenzsoldat stand am Vorposten und schaute ein wenig gelangweilt zu uns rüber. Wir nahmen allen Mut zusammen und erzählten dem bewaffneten Soldaten, dass wir im Radio gehört hätten, dass es eine neue und sofort in Kraft tretende Reiseverordnung gäbe und wir nun mal rüber wollten! Er holte schließlich seinen Vorgesetzten, den diensthabenden Offizier. Der schaute ungläubig und schlecht gelaunt durch uns hindurch. Und so wiederholten wir ungefähr zwanzig Mal, was wir vorhatten. Er stand reglos vor uns, die Lippen zusammengepresst. Dann ging er in sein Kabuff, wohl um sich zu erkundigen, ob es da eine neue Anweisung gab, von der er nichts wusste. Nach einer Weile kam er wieder und fragte nach einem gültigen Ausweis, den hatten wir selbstverständlich griffbereit in der Jackentasche. Der Offizier trug am Bauch ein tragbares Stempelkissen, und mit seinem Stempel stempelte er unsere Ausweise.

SCHEFKE
Name, Geburtsname
SIEGBERT STEFAN
Vornamen
21.FEBRUAR 1959
Geburtsdatum
EBERSWALDE
Geburtsort
LEDIG
Familienstand

Wohnanschrift (Hauptwohnung)
in EBERSWALDE-FINOW
KRS.EBERSWALDE
BIESENTHALER STR.33
Personenkennzahl
2 1 0 2 5 9 4 0 7 0 1 0
2
s. Seite 7-12

DDR

Unterschrift des Bürgers
Ausgestellt am 13.0[illegible].1987
in BERLIN
Gültigkeit zwanzig Jahre vom Tage der Ausstellung gerechnet.

Unterschrift
A 1368386
3

Erst einige Tage später bemerkte ich, es war ein Ausreisestempel, damit sollte besiegelt werden, dass wir für immer ausreisten. Später schrieb der Stempeloffizier mit dem Namen Harald Jäger das Buch »Der Mann, der die Mauer öffnete«. Jedenfalls öffnete er eine kleine Tür und wir traten hindurch. Es war ein eher unheimliches Weitergehen. Was sollte das alles bedeuten? Eine Falle? Da war niemand außer Aram und mir. Dann betraten wir die Brücke. Zugegeben, es ist nicht die große Brooklyn Bridge. Aber die kannten wir ja auch nicht, noch nicht. Wir fragten uns, was werden die nun hinter uns machen? Aram murmelte: »Na, die machen das, was sie immer hier gemacht haben, sie werden schießen.« Ich sagte wohl: »Da hinten wird ein LKW stehen, da schmeißen sie uns rauf und dann werden sie uns für viele Jahre wegen Republikflucht einsperren.« Wir gingen weiter. Es regnete, und es war sehr dunkel. Wir waren am Ende der Brücke angelangt. Da stand ein gelbes Taxi, Marke Mercedes Benz. Wir stiegen ein und sagten, dass wir nach Kreuzberg zum *Kuckucksei* wollten. Er fuhr los, wir waren im Wedding, das war für uns noch nicht so richtig Westen, jedenfalls damals am 9. November 1989.

Der Fahrer fragte uns schließlich, ob wir aus dem Osten seien. Aber seine eigentliche Frage war wohl, ob wir denn wüssten, wie weit Kreuzberg vom Wedding weg ist, und seine Sorge war, ob wir die lange Tour überhaupt bezahlen könnten. Ich pulte meine 50 DM raus, der Fahrer war beruhigt, meinte, wir müssten unbedingt die Potsdamer Straße sehen und teilte uns ungefragt auch noch die Preise der Damen mit.

Als wir dann durch Schöneberg fuhren, fiel mir ein, dass in der Crellestraße Brigitte und Alexander wohnten. Mit Alexander war ich 1986 nach dem Reaktorunfall in Tschernobyl auf der Suche nach radioaktiver Belastung durch die DDR gefahren. Ich klingelte, die Haustür öffnete sich und wir betraten das Treppenhaus. Was wir da staunten: Das Treppenhaus war mit einem breiten Teppich ausgelegt, also Stufe für Stufe bis ins Dachgeschoss. Und an den Wänden hingen riesige Spiegel. Alexander empfing uns etwas spröde: »Nun seid ihr auch im Westen«. Ja, aber wir hatten nicht die Absicht, für immer zu bleiben. Er war sich da nicht so sicher. Ich rief Roland an. Er wunderte sich über die gute Telefonverbindung, und konnte es ebenfalls nicht fassen, dass wir im Westen waren. Auch Roland versicherten wir, dass wir wieder rüber gehen würden, auch er wollte uns nicht so richtig glauben. Brigitte, die Freundin von Alexander, kam, und wir beschlossen nachzusehen, ob noch mehr Ossis in den Westen strömten.

Sie kamen in Scharen. Viele brachten auch gleich ihre Trabis mit, und es machte schon gewaltig Spaß, zur Begrüßung mit den Fäusten oder der flachen Hand auf diese Trabidächer zu klatschen. Wir dachten an unsere Verabredung im *Kuckucksei*. Und da stand er nun, mein Telefonfreund Roland Jahn, nach drei Jahren Telefonieren sahen wir uns zum ersten Mal und tranken unser erstes gemeinsames Bier!

Vor dreißig Tagen, in Leipzig am 9. Oktober, hatten wir noch Angst gehabt und nun waren wir auf ein Bier in Kreuzberg gelandet. Die anderen acht aus dem *Metzer Eck* kamen pünktlich um Mitternacht nach. Das war's wohl gewesen mit der DDR, Totalschaden für den Mauerstaat.

Ich wollte zumindest ein paar Tage im Westen bleiben, dagegen wollte Roland in den Osten. Am Kottbusser Tor, »Kotti« genannt, fragte mich ein gut gestylter Punk: »Eh Alter, haste mal ne' Mark?« Ich: »Hm, nicht so richtig, bin aus dem Osten«. Ungläubiges Staunen: »Du bist der erste DDRler für uns, hier haste zwei Märker.« Ich steckte die 2 DM natürlich ein.

Da ich meine mitgebrachten 50 DM für die Taxifahrt und im *Kuckucksei* ausgegeben hatte, ich aber noch etwas bleiben wollte, stellte ich mich an einer Warteschlange vor einer Bank an, um das Begrüßungsgeld, 100 DM pro Person, zu kassieren. Es ging völlig unkompliziert: Es gab einen Stempel in den Personalausweis, der bedeutete, dass man das Begrüßungsgeld erhalten hatte. Hinter mir in der Schlange beobachtete ich, wie schlaue Ostdeutsche die gestempelte Seite aus ihrem Ausweis rissen und mindestens noch einmal abkassierten. War wohl die erste Straftat, die sie im goldenen Westen begangen hatten. Ich blieb fünf Tage. Dann wollte ich mal kurz zurück.

Roland hatte eine Anfrage vom amerikanischen Fernsehsender *ABC NEWS*. Sie wollten schnell in der DDR drehen, hatten aber Schwierigkeiten mit einem Visum und einer Drehgenehmigung. Ob ich da nicht helfen könnte. Ich holte die Reporterin Carla de Lanri und ihren Kameramann vom Hotel *Kempinski* am Kurfürstendamm ab. Ungläubiges Staunen beim Portier, dass die beiden sehr kräftigen Amerikaner mit der vielen Technik und zwei Rollkoffern in meinem Trabant Platz finden sollten. Der Kamerakoffer und die Verpackung des Stativs, so ein Hülsenrohr, blieben im *Kempinski*. Obwohl sie lediglich ein Tagesvisum für Ost-Berlin hatten, fuhr ich mit ihnen nach Bitterfeld, Espenhain und Mölbis. Mölbis galt damals als das schmutzigste Dorf in Deutschland mit dem Braunkohle-Tagebau und seiner Brikettfabrik. Am nächsten Tag waren wir wieder zurück, und ich hatte mein erstes West-Geld nach dem Mauerfall verdient. Zehn Jahre später besuchte ich die Journalistin in New York.

Meine West-Oma wurde 88 Jahre alt, und endlich durfte ich dabei sein. Ich nahm den Nachtzug nach Recklinghausen, morgens um 6 Uhr kam ich an, und sah einen etwas heruntergekommenen leeren Bahnhof, hinter einer Drehtür stand ein Bildzeitungsverkäufer. Oh jeh, dachte ich, auch das ist dann wohl der goldene Westen.

Oma Maria wartete mit viel Schokolade und viel Kuchen auf. Wie das bei Omas auf der ganzen Welt so ist. Ich sollte dann mal gleich im kleinen Edeka-Laden um die Ecke einkaufen gehen. Der Filialleiter begrüßte mich: »Ah, Sie müssen der Enkel von Frau Schefke aus Ost-Berlin sein. Ich freue mich sehr für ihre Oma.« Meine Oma besuchte ich dann noch oft. Sie hat in ihrem ganzen Leben CDU gewählt. Ihr Argument war, dass die CDU die einzige Partei sei, die die Wiedervereinigung wollte oder zumindest angestrebt hatte. Oma Maria, geboren 1900, wurde 94 Jahre alt.

Wir DDRler hatten großes Fernweh, das wollte gestillt werden. Mein Freund Wolfram stieg beim West-Berliner-Alternativbusbetrieb »Bummelbus« ein. Doch wie nun die reiselustigen Menschen erreichen und überzeugen? Zeitungsanzeigen konnten wir uns nicht leisten. Also kam ich auf die Idee, im Copyshop Werbezettel zu drucken und die Gegend entlang der Frankfurter Allee und am Alexanderplatz flächendeckend zu bekleben. Am nächsten Tag waren fünf Busse ausgebucht. Abends ging es los, morgens war der Bus in Venedig und fuhr abends wieder zurück, um die nächste Ladung abzuholen. Das Ganze für 65 DM. Ich bekam dafür fünf Tage Venedig geschenkt.

Einen sehr unterhaltsamen Nachmittag verbrachte ich mit Jane Fonda, die Schauspielerin wollte in Ost-Berlin jemanden kennenlernen, der Revolution und Maueröffnung aktiv miterlebt hatte. Eva Quistorp, Gründungsmitglied der Grünen, machte uns bekannt. Eva treffe ich noch heute, sie ist Patin von Modina, einem Mädchen aus Afghanistan und lebt in Berlin.

Das Haus der Europäischen Akademie hatte einen Diskussionsabend vor fünfzig Lehrern aus den USA und Kanada mit mir organisiert. Der Zeitplan kam völlig durcheinander, da die Lehrer alles genau wissen wollten, und nicht aufhörten, mir Fragen zu stellen. Also sagte ich: »Wer noch Fragen hat, den besuche ich gerne an seiner Uni oder Hochschule.« Ungefähr dreißig Visitenkarten wurden mir zugesteckt.

Ich kaufte mir eine Nordamerikakarte, staunte, dass die Adressen auf den Visitenkarten fast alle Staaten der USA abdeckten. Nur Alaska, Utah, Oklahoma, der Grand Canyon und noch ein paar Ecken fehlten. Da ich über keinen eigenen Telefonanschluss verfügte, ging ich in den Reichstag zu den Grünen, setzte mich an ein Telefon und organisierte meine Reise. Erstes Ziel war Montreal/ Kanada. Stephan, den ich noch im Sommer '89 mit einer Gruppe Franzosen einen Tag durch Ost-Berlin geführt hatte, wohnte dort.

Ganze vier Wochen blieb ich. Am 3. Oktober 1990 saßen wir vor dem Fernseher und wollten uns den Tag der deutschen Wiedervereinigung ansehen. Den Nachrichten in Kanada war das aber nur vierzig Sekunden wert. Dann ging es im Programm weiter.Auf Montreal folgten NY, Washington, Boston, eine kleine Stadt in Kentucky, Houston, Philadelphia, Baltimore, Orlando, Sankt Petersburg, San Francisco, Los Angeles mit Venice Beach, Vancouver, Ottawa, Toronto, Atlanta, Detroit, Windsor, Chicago, Cincinnati und ... ich kann gar nicht alle aufzählen. Es waren zehn Monate voller unglaublicher Eindrücke und Begegnungen.

Am Strand in Venice Beach tummeln sich die Reichen und Schönen am Strand, es gibt Freiluft-Muckibuden. Ich saß auf einer Bank und überlegte nicht ganz ernsthaft, mich auch mal an den Hanteln und Klimmzugstangen zu probieren, als ein Gitarrenspieler mit langen Rasta-Locken auf mich zugerollt kam, vor mir stoppte und etwas herausfordernd fragte: »Hey white man, do you have a dollar for me and my music?«

In Venice Beach traf ich drei Freunde, Margit, Ulli und Rainer, auf einem Umweltfilmfestival. Sie hatten den Film »Bitteres aus Bitterfeld« mitproduziert. Bitterfeld war in der DDR eine sehr beeindruckende Kleinstadt, aber wie der Filmtitel schon sagt, wurde auch dort auf die Umwelt keinerlei Rücksicht genommen, die Chemische Industrie verdreckte alles. Bitterfeld wurde damals zur »Dreckigsten Stadt Europas« erkoren. Am 27. September 1988 hatte das ARD-Magazin *Kontraste* den Film ausgestrahlt. Der Film wurde auf dem Umweltfestival in Kalifornien gezeigt. Eingeladen hatte Robert Redford.

In New York hatte ich ein unerfreuliches Erlebnis. Ich war nachts mit der Subway unterwegs, als sich drei Figuren vor mir aufbauten, mich grimmig musterten und mir unmissverständlich klar machten, dass ich mein Geld rausrücken sollte. Das meiste Geld hatte ich im Geldgürtel, der meine Jeans hielt. Aber in meiner rechten Hosentasche steckte noch etwas Kleingeld, an die dreißig Dollar in Münzen und Ein-Dollar-Scheinen. Ich leerte die Tasche aus und ließ alles auf den Fußboden fallen. Nun standen die bösen Jungs vor einem Dilemma: entweder sich bücken und das viele Kleingeld aufsammeln oder mich in die Zange zu nehmen, in der Hoffnung, auf mehr Geld zu stoßen. Sie entschieden sich für ersteres und ließen mich aussteigen. Das wars dann aber auch.

In Kanada konnte ich den »Indian Summer« bewundern. Ich fuhr mit dem Zug von Toronto nach Windsor, um dort Luise von Flotow zu treffen, vier Stunden dauerte die Fahrt. Die Fahrkarte war nicht teuer, kostete ungefähr fünfzig Kanadische Dollar, aber was mich erstaunte, war, dass zwei Mal Essen, wie im Flugzeug, serviert wurde.

Luise unterrichtete in Windsor Studenten. Ich hatte sie im Sommer 1988 in der UB kennengelernt. Sie war auf Spurensuche nach ihrer Familie, die alte Mecklenburger waren. In Stuer, einem Dorf dort, besaßen die Adligen etwas Land. Ein Onkel war sogar Komponist am Theater in Schwerin gewesen.

Und da mein Studienfreund Martin in Schwerin wohnte, besuchten wir ihn. Im Theater entdeckten wir eine stattliche Büste von Luises Ur-Onkel im Foyer. Luises Familie wurde 1214 nachweislich das erste Mal urkundlich erwähnt. Die damalige Theaterchefin schenkte uns vor Freude, dass eine von Flotow ihr Haus aufsuchte, drei Eintrittskarten für die Ehrenloge.

In den fünfziger Jahren wurden die von Flotows enteignet. Ein Teil ging in den Westen Deutschlands, die Eltern von Luise nach Kanada. Sie wurden dort ebenfalls Farmer, vergaßen aber ihre Herkunft nicht. Viele Klassiker zierten die Bibliothek, und schon vor dem Frühstück wurden Heine und auch Brecht-Zitate vorgetragen. Eine sehr beeindruckende Begegnung. Luise war alleinerziehende Mutter von vier Kindern, auch das beeindruckte mich sehr.

Sie war gerade dabei, über das Goethe-Institut eine Ausstellung ostdeutscher Künstler in Nordamerika zu organisieren, mit dabei als Kurator und Ausstellungsleiter Christoph Tannert, später Leiter des Künstlerhauses Bethanien in Berlin-Kreuzberg, ein alter Bekannter von mir. Nach Detroit sollten noch andere Städte folgen. Luise hatte die Idee, die Ausstellung eher abstrakter, wilder Kunst durch meine Fotos zu ergänzen: Aufnahmen der kaputten Städte und der zerschundenen Landschaften aus einem Land, das es nicht mehr gab. Also hing ich zirka zwei Dutzend Fotos an eine Wäscheleine mit Klammern und wer wollte, konnte auch gleich eins kaufen. Es war alles unkompliziert, denn »gute Menschen ziehen gute Dinge an«. Diesen Satz gaben mir Luises Eltern mit auf den Weg.

Eine Nacht lang fuhr ich dann mit dem Greyhound-Bus von Atlanta nach Orlando, Florida. Auch dort erzählte ich den Studenten vom Leben in der DDR und dem Widerstand dagegen. Nach der Veranstaltung sprach mich eine Studentin an. Sie fragte mich, was ich so machte im langweiligen Orlando, und was ich in den nächsten Tagen vorhätte.

Ich wollte nach Sankt Petersburg, einen zweihundert Kilometer entfernten Ort, sehr unbekannt, aber mit einem berühmten Museum, dem weltgrößten Salvador Dali Museum, jedenfalls außerhalb Spaniens. Nur wie da hinkommen? Auf eine Fahrt im Greyhound Bus hatte ich keine Lust mehr. Die Studentin öffnete ihre Handtasche, klaubte Autoschlüssel und zur Sicherheit noch eine goldene Kreditkarte heraus und meinte, ich solle schon mal losfahren, sie käme nachgeflogen.

DER WIRKLICHE ERNST DES LEBENS SOLLTE NUN BEGINNEN

Nach zehn Monaten ging meine »Tournee« zu Ende und ich kehrte nach Hause zurück. Doch der Staat, den ich verlassen hatte, existierte nicht mehr. Es gab eine neue Währung, es gab alles in den Geschäften zu kaufen. Nun war es Zeit, auch mein Leben zu ändern. Den Markt für die Vermittlung von Lederhosen, für Kreolen oder für Schallplatten aus dem Westen gab es nicht mehr. Gelernte Kameramänner gab es auch genug. Ich musste mir jetzt eine richtige Arbeit suchen…

Eines Tages sprach mich Ulli an, den ich von der UB kannte und der die DDR schon vor dem Mauerfall verlassen musste. Er hatte mich durch Kalifornien begleitet und war nun auch zurück. Er wollte einen längeren Film über Marianne Birthler drehen. Marianne war zu Ost-Zeiten Katechetin und sehr aktiv in oppositionellen Kreisen. Wir kannten uns. Nach der Wiedervereinigung, im Oktober 1990, wurde sie für die Partei Bündnis 90 in den Brandenburger Landtag gewählt. Im November wurde sie unter Manfred Stolpe Ministerin für Bildung, Jugend und Sport. Im September 1992 legte sie aus Protest ihr Landtagsmandat nieder. Ihrem Chef Manfred Stolpe wurden Stasi-Verstrickungen nachgesagt. Am 29. Oktober legte sie auch ihr Ministeramt nieder. Später wurde sie als Nachfolgerin von Joachim Gauck Bundesbeauftragte für die Stasi-Unterlagen-Behörde.

Der Film sollte vom MDR, der gerade gegründet worden war, gezeigt werden. Gabriele Pattberg war dort Abteilungsleiterin. Sie hatte von mir gehört und wollte mich näher kennenlernen. Als ich mich am 20. Dezember 1991 bei ihr vorstellte, war ihre Begrüßungsfrage gleich entscheidend: »Herr Schefke, haben sie einen Hochschul- oder einen Universitätsabschluss?« Ich bejahte, denn ich war ja Diplom-Ingenieur für Hochbau. So kam ich zum MDR. Frau Pattberg war über zwanzig Jahre meine Chefin.

Ich war nun Fernsehreporter, und da der Begriff nicht geschützt ist, steht in meiner Steuererklärung als Tätigkeit »Journalist«. Es folgte eine aufregende Zeit. Mein erster Arbeitstag am 2. Januar 1992 in Suhl. Die Außenstelle der Bundesbehörde für die Unterlagen der Staatssicherheit öffnete dort ihre Türen, und Opfer lasen zum ersten Mal ihre Akten.

Wenn ich gefragt werde, »Was machste denn überhaupt beim MDR?«, dann antworte ich »Alles außer Sport«. Themen waren zum Beispiel die Aktivitäten der Treuhand, die Kritik daran und der Widerstand dagegen, die Hochwasser-Katastrophen in Sachsen und Sachsen-Anhalt, der Besuch von Queen Elisabeth in Dresden, Frau Merkel in Dresden, Interviews mit Kati Witt, Ute Lemper und den Königinnen von Dänemark und Schweden, einige Musiker waren auch dabei sowie Minister aus Berlin. Was meine Arbeit wirklich interessant macht, ist die Vielfalt von Themen und Menschen. Neugierig bleiben, sich schwierige Dinge erklären lassen und das an Zuschauer weiter zu geben, macht Spaß.

OV »SATAN« UND EIN ANRUF

Schon länger lag meine Akte in der Gauck-Behörde zur Einsicht bereit. Also ab nach Berlin und meine Stasi-Akten lesen. Da saß ich nun im Lesesaal, und eine Behördenmitarbeiterin legte einen dicken Leitz-Ordner vor mich auf den Tisch. Auf dem Deckel stand »OV Satan«. Was sollte das denn bedeuten? Was hatte das mit mir zu tun?

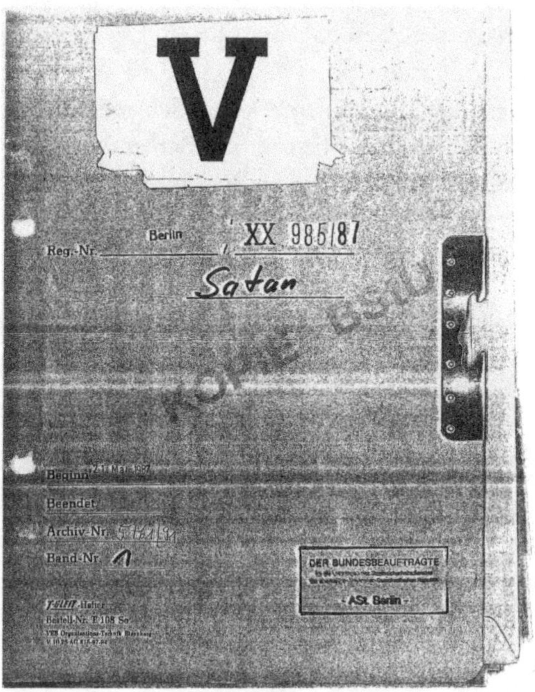

Akte OV »Satan«

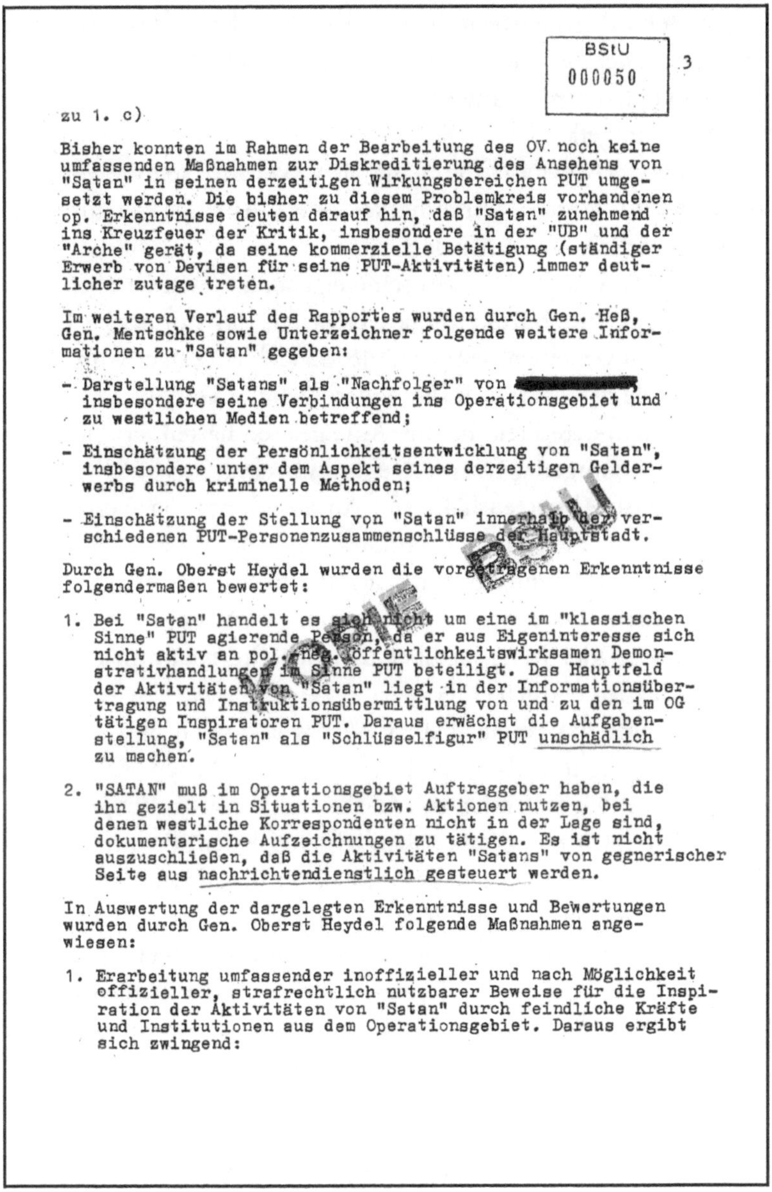

BStU
000050

3

zu 1. c)

Bisher konnten im Rahmen der Bearbeitung des OV noch keine umfassenden Maßnahmen zur Diskreditierung des Ansehens von "Satan" in seinen derzeitigen Wirkungsbereichen PUT umgesetzt werden. Die bisher zu diesem Problemkreis vorhandenen op. Erkenntnisse deuten darauf hin, daß "Satan" zunehmend ins Kreuzfeuer der Kritik, insbesondere in der "UB" und der "Arche" gerät, da seine kommerzielle Betätigung (ständiger Erwerb von Devisen für seine PUT-Aktivitäten) immer deutlicher zutage treten.

Im weiteren Verlauf des Rapportes wurden durch Gen. Heß, Gen. Mentschke sowie Unterzeichner folgende weitere Informationen zu "Satan" gegeben:

- Darstellung "Satans" als "Nachfolger" von [redacted], insbesondere seine Verbindungen ins Operationsgebiet und zu westlichen Medien betreffend;
- Einschätzung der Persönlichkeitsentwicklung von "Satan", insbesondere unter dem Aspekt seines derzeitigen Gelderwerbs durch kriminelle Methoden;
- Einschätzung der Stellung von "Satan" innerhalb der verschiedenen PUT-Personenzusammenschlüsse der Hauptstadt.

Durch Gen. Oberst Heydel wurden die vorgetragenen Erkenntnisse folgendermaßen bewertet:

1. Bei "Satan" handelt es sich nicht um eine im "klassischen Sinne" PUT agierende Person, da er aus Eigeninteresse sich nicht aktiv an pol.-neg. öffentlichkeitswirksamen Demonstrativhandlungen im Sinne PUT beteiligt. Das Hauptfeld der Aktivitäten von "Satan" liegt in der Informationsübertragung und Instruktionsübermittlung von und zu den im OG tätigen Inspiratoren PUT. Daraus erwächst die Aufgabenstellung, "Satan" als "Schlüsselfigur" PUT unschädlich zu machen.

2. "SATAN" muß im Operationsgebiet Auftraggeber haben, die ihn gezielt in Situationen bzw. Aktionen nutzen, bei denen westliche Korrespondenten nicht in der Lage sind, dokumentarische Aufzeichnungen zu tätigen. Es ist nicht auszuschließen, daß die Aktivitäten "Satans" von gegnerischer Seite aus nachrichtendienstlich gesteuert werden.

In Auswertung der dargelegten Erkenntnisse und Bewertungen wurden durch Gen. Oberst Heydel folgende Maßnahmen angewiesen:

1. Erarbeitung umfassender inoffizieller und nach Möglichkeit offizieller, strafrechtlich nutzbarer Beweise für die Inspiration der Aktivitäten von "Satan" durch feindliche Kräfte und Institutionen aus dem Operationsgebiet. Daraus ergibt sich zwingend:

KOPIE BStU

Seite aus Akte OV »Satan«

Die Behördenmitarbeiterin erklärte mir, dass jeder, über den eine Akte angelegt wurde, einen Decknamen bekam.

– Also einen Opfernamen?

– Na so ungefähr.

Ich war der Operative Vorgang »OV Satan«. Freunde von mir wurden »Radfahrer«, »Briefmarke« oder »Ameise« getauft. Mit »Satan« war ich ganz zufrieden.

Eine Stasi-Akte, noch dazu seine eigene, zu lesen ist allerdings anstrengend. Ein bürokratisches Deutsch, das mir völlig fremd ist, kaum zu verstehen, sehr ermüdend. Viel Wichtiges wurde von der Behörde geschwärzt, insbesondere Namen von Spitzeln. Aber da ja schon andere Freunde ihre Akte gelesen hatten, konnten wir viele Schwärzungen gemeinsam entschlüsseln.

Jede dieser Akten enthält eine Ansammlung von Verrat und Denunziation, mehr als nur enttäuschend, oft einfach widerlich. Wer verbarg sich hinter diesen Spitzeln, diesen Verrätern aus dem Freundeskreis? Da stand zum Beispiel diese Aussage: »Nun habe ich schon so viel Material über den Schefke gesammelt. Wann sperren Sie den endlich ein?«

Wer konnte das gefragt haben? Wer wollte mich im Gefängnis sehen? Ich ging mit den dreihundert kopierten Seiten »OV Satan« nach Hause. Ich traf mich mit Carlo und wir grübelten, wer was gewesen sein könnte. Einen haben wir eingeladen. Es war Falk Z.. Bis dahin hatten wir an eine besonders enge Freundschaft geglaubt.

Generell war mir aufgefallen, dass sich einige Freunde und Bekannte inzwischen rar machten, geradezu abtauchten. Aber das hing vielleicht mit der Neuorientierung nach der Maueröffnung zusammen. Außerdem war ich ja auch zehn Monate in Amerika. Freund Falk kam. Er war verunsichert, wusste nicht, was wir über ihn wussten. Und wir fragten uns natürlich: »Stimmt das, was in den Akten steht?«

Bei Falk stimmte es. Inoffizielle Mitarbeiter, IM, dürfen sich einen Decknamen wünschen. Falk wünschte sich Reinhard Schumann.

131

Kreisdienststelle Mitte

Berlin, 2. Oktober 1989
zr-be

Auszug aus dem Treffbericht vom 2. Oktober 1989
IMB "Reinhard Schumann"

Der IMB berichtet zur Person [redacted]

Der IMB berichtete, daß durch den operativ-bekannten [redacted] gegenwärtig gemeinsam mit dem bekannten

R a d o m s k i , Aram

in Bezirken der DDR Videoaufnahmen zum Thema "40 Jahre DDR" durchgeführt wurden und werden.

Nach Aussagen von [redacted] werden diese Aufzeichnungen am 7. Oktober 1989 über die westlichen Massenmdien verbreitet. Nach Aussagen vom [redacted] hat er dazu Straßenbefragungen bei Passanten zum obengenannten Thema durchgeführt. Dazu soll er gezielt Personen in Wohnungen aufgesucht haben, wo es z. B. durchregnet oder andere Mißstände bestehen.

In diesem Zusammenhang machte der IMB deutlich, daß sich [redacted] bereits in großer Sicherheit wiegt, da fast täglich Beiträge von ihm im Westfernsehen laufen, aber keine Maßnahmen staatlicherseits gegen ihn eingeleitet werden.

Der IMB brachte zum Ausdruck, daß er über die Arbeit des MfS enttäuscht ist, da [redacted] bereits seit mittlerweile zwei Jahren seine feindlich-negativen Videoaufnahmen aus der gesamten Republik in den Westen verkauft. Er verfügt über ein umfaassendes Netz von Kontaktadressen in allen Bezirken der DDR und machtsich über das MfS bereits lustig.

[redacted] hat, nach Aussagen des IMB, bereits eine Reihe von Aufgaben an Radomski übertragen. Er besitzt mittlerweile eine dritte Videokamera, welche als "Reservekamera" für alle Fälle in seiner Wohnung gelagert wird. Nach Meinung des IMB ist mit der Ausschaltung des [redacted] erst einmal der Informationsfluß in den Westen maßgeblich unterbrochen.

Maßnahmen: - Information an Abt. XX/9

Zirr
Unterleutnant

Verteiler
1 x Ltr. BV Berlin
1 x Ltr. Abt. XX über Stell. Op.
1 x KD Mitte

Seite aus der Akte OV »Satan«.
IM »Reinhard Schumann« ist Falk Z.

Kreisdienststelle Mitte

Berlin, 13. Oktober 1989
zr-be

51

Auszug aus dem Treffbericht vom 13. Oktober 1989
IMB "Reinhard Schumann"

Dem IMB wurde über die operativ-bekannte Person

[redacted]
Abt. XX/9

bekannt, daß [redacted] sowie die operativ-bekannte Person

R a d o m s k i , Aram
Abt. XX/9

in den frühen Morgenstunden des 16. Oktober 1989 (genaue Abfahrtszeit nicht bekannt) nach Leipzig fahren wollen.

[redacted] äußerte dem IMB gegenüber wörtlich: "es werden Krawalle und Fenstereinschmeißen erwartet!"

[redacted] und Radomski werden wiederum mit Videokameras nach Leipzig reisen.

Nach persönlicher Meinung des IMB traut er [redacted] zu, daß dieser eigene Provokationen organisiert, um diese dann zu filmen.

Maßnahmen - Sofortinformation am 13. Oktober 1989 telefonisch an Ltr. BV Berlin sowie Stellv. Operativ und Ltr. Abt. XX übermittelt

Zirr
Ultn.

Verteiler
1 x Ltr. BV Berlin
1 x Ltr. Abt. XX über Stellv. Op.
1 x KD Mitte

Seite aus der Akte OV »Satan«.
IM »Reinhard Schumann« ist Falk Z.

Falk wohnte in der Reinhardtstraße in Berlin-Mitte. Wer konnte schon jemals damit rechnen, dass sich das Archiv eines Geheimdienstes plötzlich öffnen würde?

Mir wurde schnell klar, dass ein Verräter immer nur das zugeben wird, was der Ankläger schon weiß. So war es auch mit Falk. Abwägen, entkräften und vielleicht ein bisschen entschuldigen. Aber auch weiter lügen. Es ging hin und her. Zeitweise war ich soweit, Falk aus dem Fenster zu werfen. Was haben Verräter verdient? Gab es eine Strafe für Falk? Waren wir Richter? Irgendwann schrie ich Falk nur noch an.

Einmal hatten wir in die Umweltbibliothek eine amerikanische Schriftstellerin eingeladen. Tina Rosenberg hat dann das, was wir ihr über »unsere« Spitzel erzählten, in ihrem Buch »The Haunted Land: Facing Europe's Ghosts After Communism« aufgeschrieben. Später bekam sie den Pulitzer-Preis, unter anderem auch dafür.

Zum dem zitierten Satz: »Nun habe ich schon so viel Material über den Schefke gesammelt. Wann sperren Sie den endlich ein?«, behauptete Falk, dass er das nie gesagt hätte, es sei ihm untergeschoben worden, sein Führungsoffizier habe sich das ausgedacht. Den habe ich dann aber zwanzig Jahre später selbst gesprochen.

Falk war auf uns angesetzt, weil sie herausbekommen wollten, wie die Kassetten in den Westen gelangten. Hat er aber nicht geschafft. Dann sollte er unsere Arbeit stören. Was ihm manchmal gelungen war. Ab und zu hatte ich die Kamera bei ihm zu Hause gelassen. Mindestens zwei Mal hatten wir am nächsten Tag technische Probleme, meist Tonprobleme, einmal beim Interview mit Ulrike Poppe und einmal mit Hans-Jochen Tschiche.

Wir trafen uns noch einmal mit Falk, inzwischen wussten wir den Grund für seinen Verrat. Ich hatte sehr viele Quittungen, die er gegengezeichnet hatte, gefunden. Sein Hauptmotiv war also Geld, zeitweise hatte er durch den Verrat unserer Freundschaft 500 Mark im Monat verdient, Monat für Monat, Jahr für Jahr.

Damals war das für einen Nebenverdienst viel Geld. Das durchschnittliche Monatseinkommen eines Arbeiters oder einer Krankenschwester in der DDR betrug zirka 800 Mark. Klar, wir hatten uns gewundert, welch dickes Auto Falk fuhr. Aber seine Eltern waren Ärzte, und ich hatte gedacht, das Geld käme von denen.

Ich habe Falk nicht wieder gesehen. Heute hat er eine Werbefirma, eine neue Frau und zwei Kinder. Seine ehemalige Frau sehe ich gelegentlich. Auch sie hat er jahrelang belogen. Ihr gemeinsamer Sohn erfuhr erst die Wahrheit über seinen Vater, als er erwachsen war. Seine ehemalige Frau wollte es so, und daran hat sie gut getan. Vor ein paar Jahren berichtete mir Christian Booß, dass er Falk im Oderbruch an einem Sonntagnachmittag auf der Straße zufällig getroffen habe. »Hallo Falk. Gibt es doch gar nicht, welch ein Zufall, nach all den Jahren, dass wir uns hier sehen! Wie geht es dir?« Seine Antwort: »Sie müssen sich irren, ich kenne Sie nicht. Ich heiße nicht Falk. Einen schönen Tag noch und auf Wiedersehen.« Falk hat die Namen getauscht. Sein Zweitname ist nun sein Erstname. Soll er damit leben.

Dann gab es noch IM »Harry Hirsch«. Hinter Harry Hirsch versteckte sich Rebecca. Schön und geheimnisvoll, ich hatte bedauert, dass sie verheiratet war. Rebecca suchte immer unsere Nähe, die Nähe von Carlo und mir. Sie war Jüdin. Sie war überzeugt, dass sie der DDR helfen müsse, dem Staat, der keine Nazis duldete im Land. Der Westen hingegen würde die Menschen verschonen, die ihre Familie ermordet hatten. Ich konnte Rebecca fast verstehen. Die DDR verurteilte tatsächlich viele alte Nazis. Aber längst nicht alle. Peter. der schon beim Spiegel arbeitete, schrieb später eine Geschichte über ehemalige Nazis, die erpresst wurden und dann für die Stasi arbeiteten. Es war keineswegs so, wie es sich Rebecca gewünscht hatte.

Ein anderer war IM »Robert«, alias Volker Schleicher. Volker war ein großer, aus meiner damaligen Sicht schon älterer Herr mit grauem Bart. Heute würde ich sagen, er nervte einfach nur. Er

5. Zur Wirksamkeit der eingesetzten und angewandten Kräfte, Mittel und Methoden und daraus ableitende Schlußfolgerungen für die weitere operative Bearbeitung des Schefke

Die bisherige Bearbeitung des Schefke erfolgte seit April 1987 im Rahmen der OPK "Satan". Durch operative, operativ-technische und offizielle Maßnahmen konnte eine umfangreiche Informationserarbeitung zu Plänen, Absichten und Aktivitäten des Schefke gesichert und es konnten teilweise Erfolge bei der Zurückdrängung seiner politisch-negativen Wirksamkeit erreicht werden.

5.1. IM-Einsatz

Durch die IM

"Markus Hirsch"	BV Berlin, Abt. XX/2
"Rudi"	BV Berlin, Abt. XX/2
"Reinhard-Schuhmann"	KD Mitte
"Rudolf Ritter"	KD Prenzlauer Berg

konnte eine umfangreiche Berichterstattung bezüglich der Pläne und und Absichten des Schefke innerhalb seines Wirkungsbereiches im "Redaktionskreises" der "UB" garantiert werden.

Bisher gelang es jedoch noch keinem IM, zu Schefke dahingehend ein persönliches Vertrauensverhältnis aufzubauen, daß dieser ihn bei der Ausgestaltung seiner Kontakte und Verbindungen ins Operationsgebiet sowie in Aktivitäten in seiner Privatsphäre einbezieht. Diesbezüglich ist in Abstimmung mit dem zuständigen Führungsoffizier, Gen. Major Ludewig, den IMB "Christian" aufgrund gleichartiger operativ bedeutsamer Verbindungen ins Operationsgebiet verstärkt zur Informationserarbeitung zu diesem Problemkreis zu nutzen. (siehe Operativplan)

Der IMS "Mathias" (XX/2) ist aufgrund gleicher Interessenlagen (Fotografie, ökologische Probleme) dahingehend zu instruieren und zu befähigen, daß es ihm gelingt, im Prozeß seines Eindringens in das administrative Gefüge der "UB" ausbaufähige persönliche Beziehungen zu Schefke herzustellen. (siehe Operativplan)

Auszug aus der Akte OV »Satan« mit den Inoffiziellen Mitarbeitern, die auf mich »angesetzt« waren

kam in unsere UB-Galerie, nuckelte stundenlang an einer Tasse Kaffee. Wir betrachteten ihn mit Argwohn. Er sah aber nicht aus wie ein Stasi-Typ. Volker war Frührentner. Er hatte Krebs. Rentner durften in den Westen reisen. Er bot sich als Kurier an. Aber keiner traute ihm. Volker war hartnäckig. So »fischte« er unsere Kontakte ab, besuchte das Greenpeace-Büro in West-Berlin und unsere Freundin Karin, die dort studierte. Karin wunderte sich immer, warum er gerade sie besuchte. Sie schätzte Volker genauso ein wie wir.

Karin traf ich ungefähr ein Mal im Monat. Sie überbrachte oft Nachrichten zwischen Roland, Brigitte und mir oder der UB. Zu Volker sagte sie darüber nie was. Volkers Führungsoffizier schrieb über ihn: »... der IM ist zu instruieren, dass er bei seinen Reisen in das Operationsgebiet Möglichkeiten des Kontakts zu interessierten Personen nutzt und entsprechend der Aufgabenstellung festigt und ausbaut. Das betrifft insbesondere Personen und Gruppierungen, die an Kontakten zu Personen aus der Öko-Bewegung interessiert sind ...« Volker hat seine karge DDR-Rente mit Verrat aufgebessert. Keine hehren Ziele – nur des Geldes wegen. Am 26. März 1984 hatte Volker seine IM-Verpflichtungserklärung unterschrieben. 1995 ist er an Krebs gestorben.

Dann war da noch Dagmar aus Halle an der Saale. Dagmar wurde auf mich »angesetzt«. Dagmar verführte mich – oder ich sie? Aber was hieß das damals schon?

Auch heute ist mir das Verhältnis nicht klar, und war da nicht doch mehr, als nur der schnöde Auftrag der Stasi-Genossen? Jahre später habe ich sie mal besucht. Sie hatte nun Mann und zwei Kinder. Ich klingelte, sie öffnete die Tür einen winzigen Spalt. Wir redeten am Türspalt. Ich habe den Grund ihrer Spitzeltätigkeit vergessen. Letztendlich tat sie mir leid. Ich ging. Es war ein trauriges Treffen.

In meinen Akten fand ich Hinweise, dass über dreißig Menschen ihren Führungsoffizieren etwas über mich oder unsere Gruppe erzählten. Ein einziger war dicht an mir dran. Aber letztendlich wussten die Schlapphüte sehr wenig. Auch erfuhr ich, dass ein Zimmer in der Wohnung gegenüber extra angemietet wurde, um meine Wohnung beobachten zu können. Klar machten sie Fotos vom Hof, versuchten Besucher und Besucherinnen zuzuordnen.

Aber ich konnte auch nachlesen, dass sich viele Freunde gegen das Bespitzeln entschieden. Bei Stefan wohnte ich 1985 ein halbes Jahr in seiner Wohnung in der Dunckerstraße 15. Stefan war

Observationsfoto aus dem von der Stasi angemieteten Zimmer

zu dieser Zeit bei der Armee. Beim Anwerbungsversuch sagte er »Nein«. Auch meine Eltern hatten Angst. Selbst vor ihrem Haus stand ein PKW mit Männern oft tagelang, einfach nur um zu zeigen, dass sie da sind. Um mich nicht zu beunruhigen, sagten mir meine Eltern nichts. Erst nach der Maueröffnung erfuhr ich es.

2009 bekam ich einen Anruf: »Guten Tag, mein Name ist Schwanitz – Sie kennen mich aus Ihren Akten. Haben Sie Interesse, sich mit mir zu treffen. Ich möchte das anbieten.«. Es klang unbeholfen. Aber wer ist Schwanitz? – Er war der Stasi-Offizier, der sich jahrelang hauptberuflich mit mir beschäftigt hatte. Er legte meine Akte »OV Satan« an. »Warum?«, fragte ich. Er: »Es gibt da Zusammenhänge, die nur ich Ihnen erklären kann. Auch möchte ich, wenn es soweit ist, doch nicht in den Suppentopf kommen, sondern vielleicht durch die andere Tür gehen.« Vier Wochen später traf ich ihn in einer Kneipe in Bernau. Zunächst war er erstaunt, dass ich nur zwei Aktenordner über mich gesehen hatte. Er versicherte mir, dass es neun gewesen seien, als er sein Büro verließ. Er wusste nicht, wo die sieben Ordner geblieben waren. Sind die sieben Hefter noch da? Oder liegen sie zerschreddert oder zerstückelt in Papiersäcken? Tausende liegen noch ungeöffnet in der Behörde.

Während des Studiums wurde ich bei meiner damaligen Freundin Britta mit abgeheftet. Es »reichte« noch nicht für eine eigene Akte. Als ich dann meine eigene Akte bekam, wurde mein Vater bei mir abgeheftet.

Schwanitz sagte, dass Falk tatsächlich erbost gewesen sei, dass er so viel über mich berichtet habe und ich nicht eingesperrt wurde. Schwanitz: »Herr Schefke, ich brauchte nicht Akten zu fälschen. Mein Weg nach oben war schon durch meinen Vater vorgezeichnet«. Sein Vater, General im Ministerium für Staatssicherheit der DDR, war Stellvertretender Minister für Staatssicherheit, war also der Stellvertreter von Mielke und hatte noch einige andere Ämter und Funktionen. Ich fragte auch, warum er mir den Namen »Satan« gegeben hatte. Er brabbelte was von einem besonders schwerwiegenden Fall. Meine Flucht über die Dächer Berlins, war tatsächlich unerkannt geblieben, er erfuhr erst nach der Maueröffnung, dass ich der Überwachung entkommen sein musste, denn erst bei der Auswertung der Fotos in Leipzig erkannte er mich und wusste, dass ich dort gewesen sein musste. Aber auf den Trick mit dem Hausdach kamen sie nicht. Falk bekam auch manchmal »Quellenschutz«, um ihn nicht zu »verbrennen« [Siehe Dokument S. 49].

Und natürlich hatte die Stasi Respekt vor meinen Kontakten, heute heißen diese Netzwerk. Ich hatte bei den Verhören gedroht, wenn ich eingesperrt werden sollte, würde der *Spiegel* über mich eine Geschichte schreiben. Und dass selbstverständlich auch »Kontraste« über den eingesperrten Umweltschützer berichten würde. Schwanitz bestätigte, dass sie das nicht wollten, auch ganz oben nicht. Und dann war es eben die träge Arbeitsweise einer ostdeutschen Behörde. Er erklärte, wenn er mal soviel wusste, dass es für eine Maßnahme gegen mich reichen könnte, benötigte er in der Regel vier Unterschriften von Vorgesetzten. Aber dazu brauchte er mindestens zwei Tage, und wenn einer der Unterschriftsberechtigten nicht im Dienst war, dann ging eben gar nichts mehr.

II. Intensive Aufklärung der Kontakt- und Verbindungspartner Schefkes im Operationsgebiet unter der umfassenden Zielstellung der Erlangung offiziell auswertbarer Beweise zu Aktivitäten im Sinne der §§ 100 und 219 des StGB.

III. Erarbeitung inoffizieller und offizieller Beweise zu Plänen, Absichten und Aktivtäten des Schefke gem. der §§ 106, 214 und 220 des StGB unter dem Gesichtspunkt der Einleitung von Maßnahmen zur vorbeugenden Verhinderung politisch-negativer öffentlichkeitswirksamer Demonstrativhandlungen.

IV. Ausbau und Gewährleistung eines ständigen intensiven Kontaktes zu den gesellschaftlichen Erziehungsträgern im Arbeitsbereich des Schefke unter dem Aspekt der Gewährleistung einer umfassenden gesellschaftlichen Kontrolle und Einflußnahme.

Sachbearbeiter
Schwanitz
Leutnant

Arbeitsgruppenleiter
Tiedtke
Oberleutnant

Leiter der Abteilung
Häbler
Oberst

Referatsleiter
Dohmeyer
Major

Verteiler:
1x Leiter BV, Anschließend Vorgangsakte
1x Leiter der Abt. XX
1x XX/4-AG "UB"
3x XX/AI
1x HA IX/2

Auszug aus der Akte OV »Satan«: Vier hauptberufliche MfS Offiziere beschäftigten sich mit mir, einer ausschließlich mit OV »Satan«

In meiner Stasiakte waren auch viele Briefe, die ich geschrieben bzw. empfangen hatte. Ich habe Briefe von Meini entdeckt, den ich 1982 in Rumänien beim Reisen kennengelernt hatte. Die Briefe haben sie Wort für Wort mit der Schreibmaschine abgeschrieben. Meini schrieb sehr, sehr lange Briefe, das tut er gelegentlich auch heute noch. Wir waren jung, und Briefe schreiben war der Kommunikationsweg in der DDR, nicht nur zwischen Ost und West. Es ging um Tschernobyl, Atomraketen, Ängste, Reisen und Frauen. Jeder Brief wurde geöffnet und abgetippt. Welch eine Angst vor Gedanken oder Träumen auf Papier.

Ich habe Schwanitz noch zwei Mal getroffen. Einmal mit meiner Kollegin Sibylle. Sie drehte über uns einen Beitrag für die ARD, der in den *Tagesthemen* gesendet wurde. Dass sich ein Opfer (war ich das überhaupt?) mit seinem Stasi-Offizier trifft, war eher selten.

Dann noch ein Auftritt in einer Talkshow im MDR-Fernsehen. Es war an einem Freitagabend. Für die Gäste wurde gekocht und ausgeschänkt. Nach fünf Minuten stellte das Personal die Arbeit ein. Alle standen mit offenem Mund hinterm Tresen und verfolgten unser Gespräch. Es war sehr lang und gipfelte in seiner Entschuldigung, die ich aber nicht annahm. Über drei Jahre war meine Person seine Hauptbeschäftigung. Über 1095 Tage arbeitete er sich an mir ab. Was für ein Leben.

Ich hegte und hege keinen Groll auf ihn. Er hat es nicht heimlich gemacht, sondern er hatte sich diesen Beruf ausgesucht. Anders ist es bei Falk, der sich meine Freundschaft erschlichen hatte. Schwanitz hatte mal den Beruf eines Kochs gelernt. Und Koch ist er heute wieder. Auch ihn habe nicht wieder getroffen.

10. Mai 1988

MfS/BV BV Berlin

Berlin, 04.03.88

Diensteinheit Abt. XX/4

Mitarbeiter Schwanitz

Reg.-Nr. XX 985/87

Berlin umreg aus OPK 18. Mai 1988

Berlin Abt. XII

BStU 000007

Beschluß

über das Anlegen

eines Operativen Vorganges / ~~zentralen Operativen Vorganges~~

1. Deckname " S A T A N "

2. Tatbestand gem. §§ 100, 106, 214, 219 und 220 des StGB

eines Untersuchungsvorganges zur Person

Name Vorname PKZ

Tatbestand gem. §§ Festgenommen am

- ☐ Ermittlungsverfahren mit Haft
- ☐ Ermittlungsverfahren ohne Haft
- ☐ Ermittlungsverfahren (Fahndung)
- ☐ Ermittlungsverfahren gegen Unbekannt
- ☐ Auslieferungshaft
- ☐ Ausweisungsgewahrsam
- ☐ Ausweisung ohne Gewahrsam
- ☐ Verdachtsprüfung/Vorkommnisuntersuchung

Zutreffendes Feld ankreuzen

KOPIE BStU

eines Sicherungsvorganges

einer Feindobjektakte/Kontrollobjektakte/Zentralen Feindobjekt- bzw. Kontrollobjektakte

1. Deckname

2. Bezeichnung des Objektes

Mitarbeiter Schwanitz Leutnant

Bestätigt 05.05.88 Datum

Unterschrift Hähnel Generalmajor

Hinweis

Zutreffende Vorgangsart unterstreichen

Seite aus der Akte OV »Satan«:
Paragraphen, die gegen mich verwendet werden sollten

GESCHICHTEN VON HEUTE UND GESTERN

Das Leben in der DDR war nicht nur grau, nicht nur schwarzweiß. Es gab da noch andere Facetten. »Auch in der Diktatur scheint die Sonne«, das sagten wir oft, wenn auch nur als Scherz oder Durchhalteparole. Bis '86 reiste ich in fünf fremde Länder: Polen, Tschechoslowakei, Ungarn, Rumänien und Bulgarien. Von '86 bis November '89 durfte ich die DDR nicht verlassen. Danach war ich schon dreißig Jahre alt und bereiste über dreißig Länder. Heute bin ich nicht mehr so süchtig nach dem Exotischen.

Was war mein Antrieb, im Land zu bleiben? In diesem künstlichen Land DDR. Es ist ganz banal. Ich sagte mir oft, dass es nicht nur das Land der Diktatur der Genossen, der Stasi und der Bonzen war. Dieses kleine Land war auch mein Land. Hier wurde ich geboren, hier haben meine Eltern sich ein Haus gebaut. Hier habe ich laufen gelernt, bin zur Schule gegangen und habe das erste Mädchen geküsst. Also warum sollte ich gehen?

Nee, sagte ich mir oft. So einfach mache ich es denen nicht. Vielleicht war der Druck bei mir noch nicht groß genug, ich saß nie im Gefängnis. Irgendwann spürte ich, dass die Angst die Seite gewechselt hat. Nicht mehr wir, die Oppositionellen, sondern sie hatten Angst. »Der Staat hat abgewirtschaftet«, sagte einmal Jürgen Engert in der ARD.

War bei mir auch Glück mit dabei?

Es war eher harte Arbeit und Durchhalten. Alles musste auch ich mir erarbeiten. Sogar diese anstrengenden Verhöre, sie nannten es »Befragungen«. All das machte genauso wenig Freude wie Mauer und Stacheldraht. Der Antrieb war, in einem anderen, einem gerechteren und besseren Land leben zu wollen. Ich wollte keinen besseren Sozialismus, keine bessere DDR, ich wollte den Totalschaden, die Abschaffung dieses Staates.

Und heute?

Egal ob Christen, Katholiken, Ungläubige, Indianer, Juden, Amerikaner, Afrikaner, Eskimos, Muslime, Buddhisten oder andere nicht erwähnte, immer sind es rund fünf Prozent, die nicht nur mir fürchterlich auf die Nerven gehen.

– Wie schaffen die das nur?

– Weil sie am lautesten sind.

Seit dem 19. Dezember 2014 ist eine Gruppierung aus Dresden als Verein eingetragen. Sie nennen sich »Patriotische Europäer gegen die Islamisierung des Abendlandes«. Letztendlich ist es eine »Islam- und fremdenfeindliche, völkische, rassistische und rechtspopulistische Organisation«, wie bei Wikipedia nachzulesen ist. Ich war über ein Dutzend Mal dabei, als Journalist, Berichterstatter für den MDR und die ARD. Ich wurde beschimpft, bedroht und angegriffen. Drei anonyme Anrufe habe ich bekommen. Drei Mal hörte ich die Worte: »Wir wissen, wo du wohnst und wo und wann du zur Arbeit fährst. Pass auf dich auf.« Nie im Leben hätte ich das für möglich gehalten.

Nein, ich bin kein Lügner, auch nicht in diesen Tagen als Reporter. Ich sprach mit meiner Mutter darüber. Meine Mutter ging nach dem Krieg nur wenige Jahre zur Schule. Und im Leben immer aufrecht und gerade aus. »Weißt du, an wen die mich erinnern? An die Menschen, die uns bei der Flucht zeigten, wo der Wald zum Schlafen ist und ihre Scheune abgeschlossen haben.

Die Menschen dort haben den gleichen kalten Blick und der sagt nur, nichts abgeben und teilen.«

Einmal traf ich nach der Montagskundgebung auf Thomas. Er hat eine Baufirma in Dresden. Vor Jahren feierten unsere Familien in Teneriffa zusammen den Jahresausklang. Ich fragte ihn, ob er nicht eher zufällig von der falschen Seite gekommen sei. Er kam nicht von der Gegendemonstration, er stand bei den »Besorgten Bürgern«. Ich hörte mir seine Gründe an und löschte dann vor seinen Augen seine Telefonnummer aus meinem Handy.

Es folgten die Ereignisse von Heidenau, Freital, Pirna, Clausnitz, Bautzen. Oft wurde ich darauf angesprochen. Bei Vorträgen in Schulen und Universitäten oder am Tag der Deutschen Einheit und im Freundeskreis. Selbst in Miami fragte mich ein fremder Mann – Amerikaner sind oft unkomplizierter und gelegentlich politisch neugierig – was denn da los sei in Deutschland?

Oft frage ich mich, ob wir Journalisten SIE durch die intensive Berichterstattung nicht groß gemacht haben. Wäre weniger nicht besser gewesen? Dresden hatte und hat seine Montage. Und sie rufen jetzt ausgerechnet: »Wir sind das Volk«. Dazu möchte ich Sebastian Krumbiegel zitieren, einen der Sänger von *Die Prinzen*:

»›Wir sind das Volk‹ – damit war 1989 etwas anderes gemeint als heute. Damals ging es darum, für demokratische Grundwerte zu streiten. Heute geht es den Rufern um Ausgrenzung und darum, dass diese Leute lieber unter sich bleiben wollen. Das, was wir bei PEGIDA erleben, treibt mir die Schamesröte ins Gesicht. Und allerspätestens seit den ›Absaufen-Absaufen‹-Rufen, während zynischer Beiträge über die Seenotrettung im Mittelmeer oder nach den Galgen für Merkel und Gabriel kann ich keinerlei Verständnis für diese ›besorgten Bürger‹ mehr haben. Das ist widerlich, das ist rassistisch und menschenfeindlich, und jeder, der sich da einreiht, sollte wissen, unter welcher Fahne er da marschiert.

Wenn heute wieder Anschläge auf jüdische Restaurants oder andere jüdische Einrichtungen verübt werden, wenn auf Schulhöfen ›Neger‹ oder ›Schwuchtel‹ wieder gängige Schimpfworte sind, wenn Menschen rassistisch beleidigt oder gar körperlich angegriffen oder durch die Straßen gejagt werden, dann mache ich mir definitiv Sorgen um die Demokratie.« [Zitiert nach: Scharwel, Strauss, Prüfer, Feustel, 1989, Lieder unserer Heimat, Verlag Glücklicher Montag, Leipzig 2019]

Aber warum gerade Dresden? Warum haben sie es nicht in Leipzig geschafft?

Im sächsischen Volksmund heißt es: In Leipzig wird gehandelt, in Dresden regiert und in Chemnitz wird gearbeitet. Dresden hat versäumt, sich rechtzeitig gegen Rechts zu positionieren. Die Landesregierung wollte es nicht wahrhaben. Die Stadtoberen waren viel zu passiv. Ist ja auch mühselig, sich gegen diese Menschen öffentlich zu positionieren. In Leipzig war das anders. Am 12. Januar riefen sieben Gegenveranstaltungen zum Protest gegen den Dresdner Ableger auf. Es wurde ein Sternmarsch. Die Demonstranten bei NOLEGIDA riefen »Ihr seid so lächerlich«. Der Oberbürgermeister stellte sich quasi an die Spitze der Bewegung. Keiner konnte sich mehr raus reden, dass die oder jene politische Gruppe ihm nicht gefällt. Jeder konnte unter sieben Sternmärschen einen auswählen. Es war das erhoffte breite Bündnis gegen diejenigen, die sich Patrioten nennen. Es kamen geschätzt dreißigtausend Menschen.

Es waren und sind nicht nur Ostdeutsche, die da in Dresden mitlaufen. Aber überwiegend sind sie es. Hat das mit verfehlter Politik nach der Wende oder mit verdrängter Diktaturerfahrung der Ostdeutschen zu tun? Was wollen sie erreichen mit ihrem Ruf: »Merkel muss weg«? Verhältnisse wie in Ungarn, der Türkei oder in Russland? Sie fühlen sich als Deutsche zweiter Klasse. Fast jeder zweite Ostdeutsche kann sich vorstellen, die rassistische AfD zu wählen. Ist das das Resultat, nachdem es in diesem Teil Deutschlands seit 1933 fast sechzig Jahre lang keine Demokratie, keine freie, unabhängige Zivilgesellschaft gegeben hat? Durch Pegida, AfD und andere solcher Gruppierungen kommt die Gesellschaft nicht zur Ruhe. Die Menschen, die sie unterstützen und groß gemacht haben, müssen sich fragen lassen: »Und was hast du bis 1989 gemacht?« Aus der DDR-Bürgerrechtsbewegung kommen jedenfalls die wenigsten.

Eine weitere Zäsur für mich bei meiner Arbeit war das Attentat auf Henriette Reker am 17. Oktober 2015, einen Tag vor ihrer Wahl zur Oberbürgermeisterin, verübt von dem Rechtsextremisten Frank S.. Mit einem Messer verletzte er fünf Personen. Danach bin ich nicht mehr ungeschützt in den Pulk der Zuhörer in Dresden vor der Bühne gegangen. Nun hatten wir, der Kameramann und der Tontechniker, jeden Montag zwei Personenschützer dabei. Montag für Montag.

Chemnitz, Montag 27. August 2018, Karl Marx-Denkmal, auch »Nischel« genannt, war der Tiefpunkt alles bisher Erlebten. Am Wochenende, in der Nacht vom Sonnabend zum Sonntag, wurde ein 35-jähriger Chemnitzer durch Messerstiche ermordet. Festgenommen wurden drei Männer mit Migrationshintergrund. Am Montag kam es zu Protesten. Ich meldete mich freiwillig zu diesem Dreh. Ich ahnte, dass es ein unangenehmer Tag werden könnte. Und so kam es auch. Auf der einen Seite Studenten, Chemnitzer und andere. Am »Nischel« versammelten sich rechtsextreme Gruppen. Gegendemonstranten, Polizisten und Journalisten wurden angeschrien und angegriffen. So etwas hatte ich zuletzt in der Zionskirche am 17. Oktober 1987 erlebt, als uns Skinheads nach einem Konzert überfallen hatten.

Chemnitz liegt strategisch günstig, um schnell viele zusammen zu bringen. Über Autobahnen kommt östlich gleich Dresden und Ostsachsen. Südlich Bayern, nördlich Brandenburg und Berlin und westlich Thüringen und Hessen. Die Polizei hatte zu wenige Einsatzkräfte vor Ort. Wasserwerfer waren da, aber kamen nicht zum Einsatz. Der Hitlergruß wurde offen gezeigt. Irgendwann flogen Flaschen und Steine. Wie sollten wir da arbeiten? Es war noch hell, ich schaute nach oben, um zu sehen, wenn etwas geflogen kam. Meine Hand hielt den Hosengürtel unseres Kameramanns Tilo, um ihn wegzuziehen, wenn es nötig wurde. Hinter uns Rainer, der Tontechniker. Tilo drehte dann. Endlich zogen wir uns zurück. Gegen Mitternacht auf der Autobahn von Chemnitz nach Leipzig. Hinter uns Lichthupe, neben uns plötzlich ein Auto mit Glatzen, die ihr Seitenfenster herunter kurbelten und in unsere Richtung schrien. Das Gehörte möchte ich nicht wieder geben. Es war bedrohlich wie das dicht auffahrende Auto mit blinkender Lichthupe. Rainer, der Tontechniker und Fahrer, drückte auf die Tube, wir rasten davon. Jetzt benutze ich lieber ein Auto ohne MDR-Logo auf der Seitentür. Ist das normal mitten in Deutschland?

Mich beschäftigt die Frage: Haben im Osten unseres Landes zu viele die Demokratie nie gelernt oder begriffen? Klar waren nicht alle »Rechte« und auch nicht Nazis, sagten Tage später einige Chemnitzer. Aber welcher einigermaßen klar denkende Mensch steht länger als eine Sekunde neben einem, der den Arm zum Hitlergruß hebt? Und gerade bei den etwas Älteren kommt mir immer die Frage in den Sinn: Auf welcher Seite standen diese Menschen, die jetzt gegen Demokratie, Pressefreiheit und Toleranz pöbeln, eigentlich 1989, als es galt, sich zwischen Freiheit und Diktatur zu entscheiden?

EPILOG

Sebastian Krumbiegel sagte mir vor kurzem: »Ich versuche mich mit Menschen zu umgeben, die mir guttun, das entspannt und tut mir dann auch gut.« So versuche ich es auch. Aber ausweichen werden weder Sebastian noch ich Menschen, die so ganz anders denken.

Ich habe eben schon einige Städte genannt. Am 24. November 1990 wurde in meiner Geburtsstadt Eberswalde der 28-jährige Amadeu Antonio mit Latten und Baseballschlägern erschlagen. Wenige Tage später starb er. Er war das erste Opfer rechter Gewalt aus Afrika auf dem Boden der ehemaligen DDR. Gegen zehn Schläger wurde ermittelt, die Strafen fielen niedrig aus. 1998 wurde die Amadeu Antonio-Stiftung gegründet.

Warum haben sich mir die Bilder mit den Ausschreitungen von Hoyerswerda zwischen dem 17. und 23. September 1991 so eingeprägt? Es waren nicht nur Ausschreitungen, es waren rassistisch motivierte Übergriffe. Dann kam Rostock-Lichtenhagen vom 22. bis zum 26. August 1992 dazu. Nur durch sehr viel Glück verbrannte dort kein Mensch.

Getötet wurde Silvio Meier mit mehreren Messerstichen am 21. November 1992 von Neonazis auf dem U-Bahnhof Samariterstraße in Berlin-Friedrichshain. Silvio war gerade Vater geworden und wurde nur 27 Jahre jung. Oft war er in unserer UB anzutreffen. Er organisierte bei uns Konzerte und Veranstaltungen. Am Tatort wurde mehrmals eine Gedenktafel angebracht. Immer wieder wird diese gestohlen oder mit Teer beschmiert. Eine Straße wurde in Silvio-Meier-Straße umbenannt. Berlin vergibt den »Silvio-Meier-Preis«.

Am 23. November 1992 starben in Mölln/Schleswig-Holstein bei einem von Neonazis verübten Brandanschlag drei Türkinnen, darunter zwei Kinder. Am 25. Mai 2009 erhielt die Stadt den von der Bundesregierung verliehenen Titel »Ort der Vielfalt«. 1993 wurden bei einem Brandanschlag im nordrhein-westfälischen Solingen fünf Menschen verbrannt. Siebzehn weitere Türken wurden dabei schwer verletzt. Die als Mordanschlag von Solingen bezeichnete Tat hat einen rechtsextremen Hintergrund.

Warum haben sich Hoyerswerda und Rostock-Lichtenhagen besonders in unser Gedächtnis eingebrannt? Weil es ostdeutsche Städte sind und ich ein Ostdeutscher bin? Ja, so wird es sein. Ich war noch oft in Hoyerswerda und habe von dort berichtet. Viele Menschen in den genannten Städten haben versucht zu begreifen, was nicht zu begreifen ist. Es wurden Initiativen gegründet. Die Morde müssen uns in Erinnerung bleiben. Noch immer haben SIE, die ewig Gestrigen, es nicht begriffen. Wie damit umgehen?

Durch das Erstarken der Nationalisten wird es große Probleme geben. Trump, Erdogan, Putin, Orban und andere feiern Wahlsiege. Was treibt sie alle an? Jedes Volk wählt sich seine Regierung, und alle Demokraten müssen diese Wahl ertragen. Auch ich habe Vorurteile, wir alle haben welche, aber zivilisierte Menschen sollten diese reflektieren. Doch jetzt scheint Voreingenommenheit gegenüber anderen wieder gesellschaftsfähig zu sein. Durch die »unsozialen« Medien ist es ja so einfach, anderen die Schuld zu geben für die eigenen Probleme und seinen Hass oder seine Lügen einfach nur in die Welt zu posten.Es ist nicht nur DER braune oder blaue Osten. Bei der Landtagswahl in Baden-Württemberg am 13. März 2016 erhielt die AfD 15,10 Prozent, das waren genau 809.564 Wähler. Am gleichen Wochenende erreichte diese Partei in Sachsen-Anhalt 23,10 Prozent und das waren 257.208 Wähler.

Warum gehe ich so ungefähr einmal im Monat in Schulen oder Universitäten? Weil ich vermitteln will, dass es sich lohnt, eine eigene Meinung zu haben und die Meinungsfreiheit zu verteidigen. Jede Zeit ist eine besondere, hat ihre aktuellen Herausforderungen. Nach über dreißig Jahren Unfreiheit in der DDR folgten nun über dreißig Jahre Freiheit. Mit dem Mauerfall ist die Demokratie aber noch lange nicht gesichert.

Es geht also, 1989 vor Augen, immer weiter, immer weiter.

Dank

an Danko Handrick, Maren Martell, Evelyn Reichel, Julia und Heribert Hoven, Peter Wensierski, Aram Radomski, Sebastian Böwe, Thomas Riedel, Dr. Carlo Jordan, Christine Müller, Uwe Kulisch, Dr. Christian Halbrock, Uwe Schwabe, Rüdiger Rosenthal, Stefan Bickhardt, Roland Jahn, Stefan Mahlke, Dr. Saskia Paul, Christoph Ochs.

ANHANG
Eröffnungsbericht zum OV »Satan«, Reg.-Nr. Bln XX 985/87

BStU
000042

HA XX/AKG/K/4204 /88

MfS
– 286 –
12. MAI 2004
Tgb. Nr. ....
Weiter an: ....

Abteilung XX/2

Berlin, 01. März 1988
schw 41 067

19. Mai 1988

XV/5 1412

ZMA 10049/ ...
SLK
Zi. ...
...
ZAIG 5

F1/7 XX/ AKG

Bestätigt:
Leiter der Bezirksverwaltung

Hähnel
Generalmajor

KOPIE BStU

ERÖFFNUNGSBERICHT
zum OV "Satan", Reg.-Nr. Bln XX 985/87

1. Personalien

VSHPy X

Name, Vorname		SCHEFKE, Siegbert
PKZ/Geburtsort		210259 4 0701 0 in Eberswalde
wohnhaft	HW:	1230 Eberswalde-Finow, Biesenthaler Str. 33
	NW:	1071 Berlin, Gotlandstr. 4
erlernte Berufe		Baufacharbeiter, Diplom-Bauingenieur
Arbeitsstelle		VEB WBK Berlin
Parteizugehörigkeit		ohne
Vorstrafen		keine

2. Zielstellung der Bearbeitung

2.1. Nachweisführung und Dokumentierung objektiver und subjektiver Faktoren der Erfüllung der Tatbestandsmerkmale der §§

100,
106(1) Ziffer 1. und 2., (2) und (3),
214(1), (3) und (5),
219(1), (2) und (3)

und

220(1) und (2)

des StGB der DDR.

Es sind Handlungen nachzuweisen, wie

a) Einfuhr und Verbreitung antisozialistischer Literatur bzw. von Gegenständen und Symbolen, deren Inhalt geeignet ist, verfassungsmäßige Grundlagen anzugreifen oder gegen sie aufzuwiegeln bzw. die staatliche und öffentliche Ordnung

 2

zu beeinträchtigen, das sozialistische Zusammenleben zu stören oder die staatliche und gesellschaftliche Ordnung verächtlich zu machen;

b) der Charakter und der Inhalt von Verbindungen des Schefke zu Organisationen, Einrichtungen und Personen, die sich eine gegen die staatliche Ordnung der DDR gerichtete Tätigkeit zum Ziel setzen und die innerhalb der DDR, im sozialistischen Ausland und im Operationsgebiet wirken;

c) die Organisierung der Verbringung von Schriften, Manuskripten oder anderen Materialien, deren Verbreitung im Ausland geeignet ist, den Interessen der DDR zu schaden, an im Punkt b) genannte im Ausland, insbesondere im Operationsgebiet wirkende Einrichtungen, Organisationen und Personen.

2.2. Lückenloser Nachweis und ständige Dokumentierung der Steuerung Schefkes durch Inspiratoren PUT des Operationsgebietes, insbesondere durch die operativ bekannte Feindperson

Jahn, Roland
HA XX/5.

2.3. Rechtzeitiges Erkennen und vorbeugende Verhinderung von politisch-negativen öffentlichkeitswirksamen Aktivitäten des Schefke im Rahmen seiner Betätigung in der "Umweltbibliothek" und in anderen Gremien PUT der Hauptstadt.

2.4. Durchsetzung von Maßnahmen zur Einbeziehung inoffizieller und offizieller gesellschaftlicher Kräfte sowie staatlicher Einrichtungen zur Verunsicherung und Disziplinierung des Schefke sowie zum Versuch der Einleitung eines Prozesses der Rückführung auf gesellschaftsgemäße Positionen.

2.5. Einleitung eines umfassenden Differenzierungs- und Zersetzungsprozesses, dessen Zielstellung darin besteht, den Schefke in seinen derzeitigen Wirkungsbereichen PUT, insbesondere innerhalb der "Umweltbibliothek"unglaubwürdig zu machen um seine Wirkungsmöglichkeiten einzuschränken bzw. aufzuheben.

<u>3. Operativer Sachverhalt</u>

In der bisherigen Bearbeitung des Schefke konnte die Feststellung getroffen werden, daß er sich im Zuge der weiteren Festigung des administrativen Gefüges der "UB" der evangelischen Zionskirchgemeinde zu einem der maßgeblichsten Führungskräfte des "Redaktionskreises" dieser Einrichtung.

Kennzeichnend für die Persönlichkeit Schefkes ist die Tatsache, daß er alle von ihm ausgehenden Aktivitäten sehr umsichtig plant und

[Eröffnungsbericht zum OV »Satan«, Reg.-Nr. Bln XX 985/87]

entsprechend realisiert. Aus diesem Grunde gilt er unter den anderen Mitgliedern des "Redaktionskreises" der "UB" als zuverlässiger Partner, der durchführt, was er sich vornimmt.

Die im bisherigen Bearbeitungszeitraum von Schefke ausgegangenen Aktivitäten erhärten auch die Tatsache, daß er eine ausgeprägte politisch-negative Haltung zu den gesellschaftliche Verhältnissen in der DDR bezieht und sich von dieser Haltung bei der Gestaltung seiner Aktivitäten auf dem Gebiet PUT leiten läßt.

Die politisch negative Grundhaltung des Schefke wird auch durch den Fakt belegt, daß er im Februar 1987 dem für seinen Hauptwohnsitz zuständigen WKK mitteilte, daß er zukünftig keinen Reservistenwehrdienst mehr mit der Waffe in der Hand leisten, sondern nur noch als Bausoldat dienen wolle.

3.1. Verbindungen und Kontakte des Schefke ins Operationsgebiet

In der bisherigen Bearbeitung des Schefke war zu verzeichnen, daß er umfangreiche Kontakte persönlicher, telefonischer und brieflicher Natur in das Operationsgebiet unterhält. Durch die eingeleiteten Kontrollmaßnahmen konnte erarbeitet werden, daß sich die Zahl seiner Kontaktpartner im OG, insbesondere in der BRD und in WB, ständig vergrößert. Derzeitig sind ca. 40 Kontaktpartner des Schefke, an deren exakter Identifizierung laufend gearbeitet wird, operativ bekannt.

Durch die bisherige Aufklärung dieser Kontakte und Verbindungen des Schefke können folgende Versionen aufgestellt werden:

1. Die von Schefke unterhaltenen Kontakte werden von ihm

   a) zum Empfang von Instruktionen von Inspiratoren PUT aus dem OG auf direktem fernmündlichen Wege bzw. über Kuriere genutzt;

   b) Kontaktpersonen nutzt er zum Teil mit deren Wissen, zum Teil ohne deren Wissen als Kurier für die Verbringung von Informationen ideeller und vergegenständlichter Natur ins Operationsgebiet und umgekehrt;

   c) die Kontakte werden zur Beschaffung von Konsumgütern, Devisen u. ä. für den privaten Gebrauch genutzt.

2. Schefke nutzt diese Kontakte in vollem Umfange zur Aufrechterhaltung der Verbindung zwischen dem "Redaktionskreis" der "UB" zu den Inspiratoren PUT. Über die Art und Weise der Gestaltung dieser Verbindungen macht Schefke gegenüber den anderen Mitglieder des "Redaktionskreises" keine Angaben. Hier ist deutlich zu verzeichnen, daß er versucht, sich ein "Verbindungsmonopol" ins Operationsgebiet zu sichern.

3. Als am operativ bedeutsamsten hat sich im Rahmen der festgestellten Kontakte die Verbindung zu dem feindlich-negativen ehemaligen DDR-Bürger Roland Jahn herauskristallisiert. Inof

 4

fiziell konnte der Nachweis erbracht werden, daß Schefke für Jahn einen festen Anlaufpunkt zur Übermittlung von Instruktionen an verschieden Führungskräfte PUT der Hauptstadt darstellt.

Die Kontakte zwischen Schefke und Jahn wurden erstmalig im Juli 1987 operativ bekannt. In diesem Zusammenhang wurde erarbeitet, daß Jahn und Schefke beabsichtigten, sich am 03. August 1987 in Budapest zu treffen. Ein Zustandekommen diedieses Treffens wurde durch die zu Schefke eingeleiteten Reisesperrmaßnahmen verhindert.

In der Folgezeit war eine ständige Intensivierung der fernmündlichen Kontakte zwischen Jahn und Schefke zu verzeichnen. So teilt Schefke Jahn ständig Termine und beabsichtigte Inhalte für in der "UB" stattfindende Veranstaltungen mit und empfängt von Jahn genaue Instruktionen für Verhaltensweisen usw.

Diese aufgestellten Versionen werden durch die eingeleiteten operativen und operativ-technischen Maßnahmen umfassend belegt. Jahn versucht, den Schefke in vielfältigster Art und Weise für seine Feindtätigkeit gegen die DDR zu nutzen und Schefke führt diese Dienste äußerst willig für Jahn aus. So konnte erarbeitet werden, daß Jahn über Schefke Instruktionen für das Vorgehen der Führungskräfte PUT in Folge der Aktionen "Falle" und "Störenfried" übermittelte und sich von Schefke ständig über durchgeführte Maßnahmen unterrichten ließ.

Folgende konkrete Aktivitäten wurden hierzu bekannt:

1. Am 16. Dezember 1987 kontaktierte Jahn Schefke mit der Zielstellung, Reaktionen auf den "Offenen Brief" der "UB" an den Präsidenten des Schriftstellerverbandes der DDR, Gen. Herrmann Kant, bezüglich seiner in einem Fernsehinterwiew mit der ARD getätigten Äußerung,"... daß niemand, der in der DDR etwas für den Umweltschutz tun wolle, in die Katakomben zu gehen brauche", zu erlangen. Desweiteren wollte Jahn Auskünfte über Antworten der Redaktion der "Jungen Welt" auf Beschwerden von Führungskräften PUT über den Artikel des Chefredakteurs, Gen. Hans-Dieter Schütt in der"JW" vom 12./13. Dezember 1987 haben. Bei dieser Kontaktaufnahme vereinbarten Schefke und Jahn einen konkreten Trefftermin, bei dem Schefke einem Kurier von Jahn diesbezüglich aktuelles Material sowie ein paar"schöne Fotos" übergeben sollte. Desweiteren forderte Jahn Schefke dazu auf, für die Gestaltung der "Ostberlin-Seite" der "TAZ" am 22. Dezember 1987 Beiträge aus dem"Grenzfall" oder aus den "Umweltblättern" zu entnehmen und ihm zuzusenden. (Bericht der Abt. 26 Nr. A 6258/87/16/87 vom 16.12.87)

2. Im Dezember 1987 wurde auf Initiative von Jahn und unter maßgeblicher Mitwirkung der operativ bekannten Führungskräfte PUT

Wollenberger, Vera	BV Berlin, Abt. XX/4
Kulisch, Uwe	BV Berlin, Abt. XX/2
Münz, Konstantin	BV Berlin, Abt. XX/2

 5

ein Sendebeitrag für die feindlich-negative Sendereihe "Radio Glasnost" erarbeitet (Inhalt ist bekannt, wurde am 28. Dezember 1987 gesendet). Zur Organisierung des Verbringens der in der DDR fertiggestellten Tonbandkassette setzte sich Jahn mit dem operativ bekannten

Hirsch, Ralf
BV Berlin, Abt. XX/4

in Verbindung, der ihn darüber informierte, daß die Verbringung der Kassette nach Westberlin durch Schefke organisiert wird. Schefke setzte sich von der Wohnung der Wollenberger aus mit der operativ bekannten WB-Bürgerin

Gehrke, Brigitte
BV Berlin, AG XXII

in Verbindung und beauftragte sie, einen Kurier, der möglichst mit einem Kfz mit eingebautem Autokassettenrekorder sowie mit möglichst viel dazugehörigen Kassetten zu ihm zu schicken. Offenbar gelang die Verbringung der Kassette auf diesem Wege, denn am 18. Dezember teilte Jahn Schefke mit, daß alles geklappt habe, "die Qualität der Musikaufnahmen allerdings mangelhaft sei." (Information der Abt. 26 Nr. A 6265/87/14/87 vom 27. 12. 87 und Nr. A 6258/87/30/87 vom 28.12.87 sowie Information der Abt. XX/4 vom 12.01.88)

3. In einer am 08. Januar 1988 erfolgten Kontaktaufnahme teilte Jahn Schefke mit, daß für den "für die Verbesserung des Tones" geäußerten Wunsch schon etwas entsprechendes unterwegs sei er aber"noch nicht sagen kann, wann es ankommen wird." Diese Äußerungen bezogen sich offenbar auf die Beschaffung hochwertiger tontechnischer Geräte, um die Qualität der Tonaufzeichnungen für die Beiträge von "Radio Glasnost" zu erhöhen. (Information der Abt. 26 Nr. A 6258/87/10/88 sowie IM-Information der Abt. XX/4 vom 12.01.88)

4. Bei einer Kontaktaufnahme am 14. Januar 1988 tauschten sich Jahn und Schefke darüber aus, daß Schefke sich im Falle einer etwaigen Abwesenheit Jahns mit "wichtigen Sachen" an den operativ bekannten ehemaligen DDR-Bürger

Rosenthal, Rüdiger
BV Berlin, Abt. XX/7

wenden könne. Desweiteren teilte Jahn Schefke mit, daß sich dieser bei Hirsch einige Exemplare der "TAZ" sowie ein Mikrofon (offenbar für die Verbesserung der Tonqualität der o. g. "Glasnost"-Sendungen) abholen könne. (Information der Abt. 26 Nr. A 6258/87/13/88 vom 14.01.88)

5. In der am 18. Januar 1988 erfolgten Kontaktaufnahme ließ sich Jahn von Schefke über dessen Zuführung und Befragung im Zusammenhang mit den Maßnahmen der Aktion "Störenfried" unterrichten. Jahn forderte diesbezüglich von Schefke, daß dieser eine regelmäßige Verbindung zu Hirsch herstellen solle. (Inf. der Abt. 26 Nr. A 6258/87/17/88 vom 18.01.88)

6

Bei der Aufklärung der Verbindungspersonen Schefkes im Operationsgebiet konnte erarbeitet werden, daß diese koordiniert und abgestimmt mit Schefke zusammenwirken. In Auswertung vorliegender Informationen wird deutlich, daß Roland Jahn im Zusammenwirken mit den operativ bekannten Personen

Gehrke, Brigitte	BV Berlin, AG XXII
[redacted], [redacted]	BV Berlin, AG XXII
Rosenthal, Rüdiger	BV Berlin, Abt. XX/7

sein Verbindungssystem zu Schefke unterhält. Dies zeigte sich insbesondere bei der Organisierung des Verbringens der Tonbandkassette für "Radio Glasnost" im Dezember 1987. (siehe Inf. der Abt. 26 Nr. A 6265/87/14/87 und Nr. A 6258/87/30/87 v. 27. und 28.12.88 sowie IM-Bericht der Abt. XX/4 vom 12.01.88)

Ein weiterer operativ bedeutsamer Kontakt besteht zwischen Schefke und dem Westberliner Bürger

[redacted], [redacted]
BV Berlin, Abt. XX/2.

Bei Lamberty handelt es sich um einen Studenten der Freien Universität Westberlin, Fachrichtung Germanistik und Amerikanistik. Nebenberuflich arbeitet Lamberty als Redakteur für die "TAZ". In dieser Eigenschaft publiziert er seit 1987 unter dem Pseudonym "Brian Schuster" Artikel für die sogenannte "Ostberlin-Seite" der "TAZ". Schefke liefert ihm hierzu konkrete inhaltliche Beiträge. Konkret tätigte Schefke innerhalb des"Redaktionskreises" der "UB" Äußerungen, daß er den in einer Novemberausgabe der "TAZ" erschienenen Artikel über "Neofaschismus in der DDR" (liegt im Original vor) einschließlich des dazugehörigen Bildmaterials selbst gefertigt und über Lamberty die Veröffentlichung in der "TAZ" organisiert habe. Von dem Erlös der Veröffentlichung schaffte sich Schefke nach eigenen Angaben seine Kamera vom Typ "Nikon" (Wert ca. 2.000 DM/DBB) an. (siehe IM-Bericht "Markus Hirsch" vom 13.11.87 und IM-Bericht der KD Mitte vom 03.12.87)

Zur weiteren Aufklärung des Charakters und des Inhaltes der Verbindung des Schefke zu Lamberty sowie zur Schaffung offiziell auswertbarer Beweise wurden zu Lamberty Reisefahndungs-, Zollkontroll- und Beobachtungsmaßnahmen eingeleitet.

Zu einer Vielzahl weiterer Kontaktpersonen des Schefke im Operationsgebiet wurden im Rahmen der bisherigen Bearbeitung entsprechend der jeweiligen Beweislage differenziert Reisesperr-, Reisefahndungs-, Zollkontroll-, und Beobachtungsmaßnahmen eingeleitet. Richtlinie hierbei war, entsprechend der DA 2/85 des Gen. Minister, die Strategie einer wirksamen Kontaktunterbrechung, insofern die Beweislage dies gestattete.

3.2. Aktivitäten des Schefke innerhalb des "Redaktionskreises" der"UB" sowie Betätigung in anderen Wirkungsbereichen PUT

Schefke konnte sich durch die regelmäßige Realisierung verschie-

[Eröffnungsbericht zum OV »Satan«, Reg.-Nr. Bln XX 985/87]

BStU

000048

KOPIE BStU

7

dener notwendiger Arbeiten wie Bibliotheksdienste und Cafébetrieb eine gute Position innerhalb des "Redaktionskreises"verschaffen. In dieses Gremium wurde er durch den operativ bekannten

Jordan, Karl-Heinz
KD Prenzlauer Berg

eingeführt. Die Freundschaft zwischen Jordan und Schefke resultiert aus gemeinsamen Aktivitäten im inzwischen nicht mehr existierenden "Ökologiekreis Friedrichsfelde".

Eine thematische Spezialisierung im Rahmen der der eigentlichen Umweltschutzproblematik ist derzeit bei Schefke nicht erkennbar. Hier wird deutlich, daß Schefke, ausgehend von seiner feindlich negativen Haltung zu den gesellschaftlichen Verhältnissen in der DDR, seine Mitarbeit im"Redaktionskreis" der "UB" zu umfangreichen feindlichen Aktivitäten gegen die DDR nutzt.

In den Sitzungen des"Redaktionskreises" tritt Schefke dafür ein, daß die derzeitig maßgeblich von Jordan und Rüddenklau praktizierten Organisationsformen durch eine straffere Führung sowie konkrete Verantwortlichkeiten verbessert werden. Aufgrund dieser Forderungen kommt es bei den Sitzungen desöfteren zu Spannungen mit Rüddenklau, da dieser durch derartige Äußerungen und Aktivitäten seine "Vormachtstellung" innerhalb des "Redaktionskreises" gefährdet sieht. (Bericht IMB "R. Schuhmann" vom 27.05.87)

Im Berichtszeitraum konzentrierten sich die Aktivitäten des Schefke mit auf die Organisierung und Mitdurchführung von durch den "Redaktionskreis" geplanten Veranstaltungen. So war er mitverantwortlich für die Organisation

- der Veranstaltung Ziviler Ersatzdienst - packen wir es an" am 23.04.87,
- der Lesung mit der operativ bekannten Schriftstellerin Monika Maron vom 28.05.87,
- eines Punkkonzertes im Saal der Zionskirche vom 16.06.87,
- des Vortrages "Pazifismus um 1900" vom 30.06.87,
- des Punkkonzertes am 17.10.87 im Saal der Zionskirche,
- des sogenannten "IV. Berliner Ökologieseminars" in en Räumlichkeiten der Zionskirchgemeinde vom 27. - 29.11.87.

Kennzeichnend für die Aktivitäten Schefkes hierbei ist der Fakt, daß er sich ausschließlich mit organisatorischen Fragen befaßt und in keiner Weise inhaltliche Beiträge einbringt.

Weiterhin organisiert und betreibt er zusammen mit dem operativ bekannten

Morgenstern, Joachim
BV Berlin, Abt. XX/2

8

die Bar in der sogenannten "UB-Galerie".

Schefke nutzt seine Tätigkeit im"Redaktionskreis der UB" dazu aus, daß er im Rahmen seiner Kontakte und Verbindungen ins Operationsgebiet für Reisegruppen, Schulklassen u. ä. aus dem NSW, Stadtführungen durch Berlin organisiert, bei denen er auch die Räumlichkeiten der "UB" vorstellt und diesen Personengruppen Vorträge über die Aktivitäten und die Zielstellungen der "UB" hält. Für diese Tätigkeit wird er von seinen Kontaktpartnern aus dem OG zum Teil in Devisen bzw. mit westlichen Konsumgütern bezahlt.

Im Rahmen dieser Aktivtäten erwirkte Schefke bei einer Reisegruppe von Architekten und Bauingenieuren aus den Niederlanden, daß diese ihn mit einem an die zuständigen staatlichen Stellen gerichteten Schreiben zu einem Symposium über"Stadterneuerung in Berlin und Rotterdam" als "Referenten" einluden. Durch den Betrieb Schefkes wurde eine Reise Schefkes nach Rotterdam mit der Begründung abgelehnt, daß Schefke mit seiner Persönlichkeit in keiner Weise dfür geeignet sei, das Bauwesen der DDR im Ausland zu repräsentieren, da er derzeit nicht einmal in der Lage sei, den Plan auf den ihm mit unterstehenden Baustellen zu erfüllen.

Aufgrund der Absage der staatlichen Organe der DDR wurde von o. g. "Symposium" ein Protesttelegramm an den Oberbürgermeister der Hauptstadt gesandt, in dem Unmut über die Nichtgenehmigung der Reise Schefkes geäußert wird (Telex der DP vom 22.09.87). Gleichzeitig mit diesem Protesttelegramm richtete Schefke zu diesem Problem eine Eingabe an die Bezirksleitung Berlin der SED, die jedoch unter der gleichen Begründung wie von seiten des WBK Berlin zurückgewiesen wurde. (siehe Aussprachevermerk der SED-BL vom 28.09.87)

Im Zusammenhang mit den Folgeereignissen zur Aktion "Falle" entwikkelte Schefke umfangreiche politisch-negative Aktivitäten, die darauf hinausliefen, die Maßnahmen der Schutz- und Sicherheitsorgane zu stören.. Er versuchte während der "Fürbittandachten" und "Mahnwachen" ständig Mitarbeiter des MfS zu identifizieren und diese durch provozierendes Verhalten zu unüberlegten Handlungen zu bewegen.

Desweiteren war zu verzeichnen, daß Schefke bei allen "Fürbittandachten sowie im zeitlichen und territorialen Umfeld der "Mahnwachen" vor der Zionskirche ständig die Maßnahmen der Schutz und Sicherheitsorgane fotografisch dokumentierte. (siehe Lageberichte der Aktion "Falle" für den Aktionszeitraum)

Schefke rief am 23.12.87 während einer Zusammenkunft des "Redaktionskreises" der "UB" dazu auf, sich an einer "Mahnwache" gegen die "Menschenrechtsverletzungen in Rumänien" am 25.12.87 vor dem Gebäude der rumänischen Botschaft in Berlin-Pankow zu beteiligen. Durch die anderen Mitglieder des "Redaktionskreises" wurde eine Teilnahme jedoch abgelehnt, da man sich als Gremium übergangen fühlte und man an diesem Tag die "UB"-interne Weihnachtsfeier abhalten wollte. Schefke selbst beteiligte sich an dieser "Mahnwache", die jedoch keine politisch-negative Öffentlichkeitswirksamkeit hatte, da sie völlig konzeptionslos angelegt war und durch das sofortige Einschreiten der DVP umgehend aufgelöst wurde. (siehe IM-Bericht der KD Mitte sowie Erstmeldung der VP 25.12.87)

[Eröffnungsbericht zum OV »Satan«, Reg.-Nr. Bln XX 985/87]

BStU
000050

 9

Inoffiziell wurde erarbeitet, daß Schefke während der Sitzung des "Redaktionskreises" der "UB" am 13. Januar 1988 bekanntgab, daß am 17. Januar 1988 anläßlich der Kampfdemonstration zu Ehren von Karl Liebknecht und Rosa Luxemburg eine "Gegendemonstration" von verschiedenen Personen unter Verwendung der bekannten Luxemburg-Zitate erfolgen werde. Er informierte genauestens über Treffpunkt und -ort. (Bericht IMB "Markus Hirsch" vom 15.01.88)

Aufgrund dieser Information wurde Schefke auf zentrale Weisung für den entsprechenden Zeitraum unter operative Kontrolle durch die Hauptabteilung VIII gestellt und am Morgen des 17. Januar 1988, als er sein Wohnhaus verlassen wollte, zugeführt.

In der durch MA der Hauptabteilung IX durchgeführten Befragung zum Sachverhalt bestritt Schefke wider besseren Wissens, etwas von einer geplanten provokativen"Gegendemonstration" zu wissen. Die Durchsuchung der von ihm mitgeführten Behältnisse und Bekleidungsstükke ergab, daß er mehrere Fotoapparate und entsprechendes Zubehör mit sich führte. Begragt, zu welchem Zweck er diese mitführe, gab er an, daß er verschiedene Aufnahmen bei der Demonstration und in der Hauptstadt machen wolle. (siehe Befragungsprotokoll der HA IX/2 vom 17.01.88)

Bei den aufgrund des vorliegenden Sachverhaltes gegen Schefke durchgeführten Prüfungshandlungen zur Klärung des Verdachts der Begehung einer Straftat gemäß § 95 StPO konnte kein offizieller Nachweis diesbezüglicher Pläne, Absichten und Aktivitäten Schefkes erbracht werden.

Bei den "Fürbittandachten" in Folge der Maßnahmen der Aktion "Störenfried" war Schefke fast immer anwesend. Er leistete zwar keine inhaltlichen politisch-negativen öffentlichkeitswirksamen Beiträge dokumentierte jedoch diese Veranstaltungen sowie deren jeweiliges territoriales Umfeld fotografisch. (siehe Lageberichte Aktion "Störenfried" für den Aktionszeitraum)

Aufgrund der derzeitigen desolaten Situation innerhalb der verschiedenen Gremien PUT der Hauptstadt infolge der Entscheidungen der staatlichen Organe zur Ausreise einzelner Führungskräfte PUT aus der DDR sind derzeitig keine bedeutenden Aktivitäten des Schefke innerhalb des "Redaktionskreises" der "UB" bzw. in anderen PUT-Gruppierungen zu verzeichnen.

4. Zusammenwirken mit staatlichen und gesellschaftlichen Kräften zur Erreichung einer Verunsicherung und Disziplinierung des Schefke

Durch eine Information der BVfS Berlin an die Kreisleitung Bauwesen der SED sowie an die Leitung des WBK Berlin konnte erreicht werden, daß in kürzester Zeit eine Umsetzung des Schefke aneinen Arbeitsplatz mit mit örtlicher Bindung während der gesamten Arbeitszeit erfolgt. Damit werden objektiv gute Bedingungen geschaffen, die Trefftätigkeit Schefkes mit Kontaktpartnern aus dem Operationsgebiet so-

 10

wie mit anderen Führungskräften PUT entscheidend einzuengen. Diese Maßnahme richtet sich nach Schefkes eigenen Angaben empfindlich gegen die Wahrnehmung seiner Interessen. (siehe Informationen der Abt. 26 Nr. A 6258/87/41/88 und 42/88 vom 17.02.88)

5. Zur Wirksamkeit der eingesetzten und angewandten Kräfte, Mittel und Methoden und daraus ableitende Schlußfolgerungen für die weitere operative Bearbeitung des Schefke

Die bisherige Bearbeitung des Schefke erfolgte seit April 1987 im Rahmen der OPK "Satan". Durch operative, operativ-technische und offizielle Maßnahmen konnte eine umfangreiche Informationserarbeitung zu Plänen, Absichten und Aktivitäten des Schefke gesichert und es konnten teilweise Erfolge bei der Zurückdrängung seiner politisch-negativen Wirksamkeit erreicht werden.

5.1. IM-Einsatz

Durch die IM

"Markus Hirsch"	BV Berlin, Abt. XX/2
"Rudi"	BV Berlin, Abt. XX/2
"Reinhard-Schuhmann"	KD Mitte
"Rudolf Ritter"	KD Prenzlauer Berg

konnte eine umfangreiche Berichterstattung bezüglich der Pläne und und Absichten des Schefke innerhalb seines Wirkungsbereiches im "Redaktionskreises" der "UB" garantiert werden.

Bisher gelang es jedoch noch keinem IM, zu Schefke dahingehend ein persönliches Vertrauensverhältnis aufzubauen, daß dieser ihn bei der Ausgestaltung seiner Kontakte und Verbindungen ins Operationsgebiet sowie in Aktivitäten in seiner Privatsphäre einbezieht. Diesbezüglich ist in Abstimmung mit dem zuständigen Führungsoffizier, Gen. Major Ludewig, den IMB "Christian" aufgrund gleichartiger operativ bedeutsamer Verbindungen ins Operationsgebiet verstärkt zur Informationserarbeitung zu diesem Problemkreis zu nutzen. (siehe Operativplän)

Der IMS "Mathias" (XX/2) ist aufgrund gleicher Interessenlagen (Fotografie, ökologische Probleme) dahingehend zu instruieren und zu befähigen, daß es ihm gelingt, im Prozeß seines Eindringens in das administrative Gefüge der "UB" ausbaufähige persönliche Beziehungen zu Schefke herzustellen. (siehe Operativplan)

5.2. Operativ-technische und administrative Maßnahmen im Zusammenwirken mit anderen Diensteinheiten der BV Berlin und des MfS

5.2.1. M-Kontrollmaßnahmen

Durch die eingeleiteten M-Kontrollmaßnahmen zu Schefke sowie durch

[Eröffnungsbericht zum OV »Satan«, Reg.-Nr. Bln XX 985/87]

BStU 000052

KOPIE BStU

11

die in Koordinierung mit der AKG der Abteilung M des MfS eingeleiteten Absenderfahndungsmaßnahmen gelang es, den äußerst umfangreichen Briefverkehr Schefkes mit seinen Kontaktpartnern im Operationsgebiet sowie innerhalb der DDR unter Kontrolle zu halten. In Auswertung des Postverkehrs erfolgt eine ständige Identifizierung seiner Briefpartner und die Einleitung spezifischer operativer und operativ-technischer Maßnahmen.

5.2.2. Maßnahmen der Linien III und 26

Durch die bei der HA III und der Abt. 26 eingeleiteten spezifischen Kontrollmaßnahmen zum Fernmeldeverkehr des Schefke konnten umfangreiche inoffizielle Beweise zu seiner Feindtätigkeit, insbesondere zum Charakter seiner Verbindung zu Jahn, dokumentiert werden. Durch eine qualifizierte Zusammenarbeit mit diesen Abteilungen konnte ein Großteil der telefonischen Verbindungspartner des Schefke identifiziert und spezifische Maßnahmen zu diesen Personen eingeleitet werden.

5.2.3. Beobachtungsmaßnahmen

Durch die bei der Linie VIII eingeleiteten Beobachtungsmaßnahmen konnte Schefke bei operativ bedeutsamen und offiziellen Erfordernissen in entsprechendem Maße unter operativer Kontrolle gehalten werden. Diesbezüglich konnte im Zusammenwirken mit der HA II/15 ein für die Beobachtung sehr gut nutzbarer Stützpunkt im Wohnhaus des Schefke geschaffen werden.

5.2.4. Reisefahndungs- und Sperrmaßnahmen

Durch die zu Schefke eingeleitete Reisesperre konnte verhindert werden, daß Schefke etwaige Aufenthalte im Ausland für Treffs mit Inspiratoren PUT des Operationsgebietes nutzt.

Durch die zu seinen Kontaktpersonen eingeleiteten differenzierten Reisperr-, Reisefahndungs- und Zollkontrollmaßnahmen in Verbindung mit zu ausgewählten Personen eingeleiteten Beobachtungsmaßnahmen konnte ein bedeutender Teil dieser Verbindungspartner identifiziert, dokumentiert und teilweise unter operativer Kontrolle gehalten werden.

In Koordinierung mit der HA VI, der Linie VIII sowie der HA IX werden in Auswertung der operativen Kontrollmaßnahmen weitere Maßnahmen, unter Berücksichtigung der Strategie der Kontaktunterbrechung gemäß der DA 2/85 des Gen. Minister, festgelegt. (siehe Operativplan)

6. Teilzielstellungen der operativen Bearbeitung für den anstehenden Bearbeitungszeitraum

I. Ausbau der bereits vorhandenen inoffiziellen Bearbeitungsbasis

[Eröffnungsbericht zum OV »Satan«, Reg.-Nr. Bln XX 985/87]

BStU

000053

KOPIE BStU

12

sowie Effektivierung des Einsatzes der zur Aufklärung der Pläne Absichten und Aktivitäten des Schefke eingesetzten IM einschließlich der Koordinierung und Abstimmung des Einsatzes von IM anderer DE.

II. Intensive Aufklärung der Kontakt- und Verbindungspartner Schefkes im Operationsgebiet unter der umfassenden Zielstellung der Erlangung offiziell auswertbarer Beweise zu Aktivitäten im Sinne der §§ 100 und 219 des StGB.

III. Erarbeitung inoffizieller und offizieller Beweise zu Plänen, Absichten und Aktivtäten des Schefke gem. der §§ 106, 214 und 220 des StGB unter dem Gesichtspunkt der Einleitung von Maßnahmen zur vorbeugenden Verhinderung politisch-negativer öffentlichkeitswirksamer Demonstrativhandlungen.

IV. Ausbau und Gewährleistung eines ständigen intensiven Kontaktes zu den gesellschaftlichen Erziehungsträgern im Arbeitsbereich des Schefke unter dem Aspekt der Gewährleistung einer umfassenden gesellschaftlichen Kontrolle und Einflußnahme.

Sachbearbeiter Schwanitz Leutnant	Arbeitsgruppenleiter Tiedtke Oberleutnant
Leiter der Abteilung Häbler Oberst	Referatsleiter i.V. Dohmeyer Major

Verteiler:
1x Leiter BV, Anschließend Vorgangsakte
1x Leiter der Abt. XX
1x XX/4-AG "UB"
3x XX/AI
1x HA IX/2

Bildquellen

Archiv Bürgerbewegung Leipzig e.V.: Foto 005-001-001: Seite 85; Foto 005-001-007: Seite 86

Behörde des Bundesbeauftragten für die Stasi-Unterlagen – BStU, Seiten 21; 23; 26; 28-32; 41; 45; 47-49; 59-60; 62; 81; 87; 93; 105; 120-121; 123-124; 127; 131; 133; 154-155

Robert-Havemann-Gesellschaft
- Aram Radomski/RHG: HAB_15003: Seite 51; RHG_Fo_HAB_15003: Seite 78; RHG_Fo_HAB_21002: Seite 98 oben; RHG_Fo_HAB_21005: Seite 98 unten; RHG_Fo_HAB_21007: Seite 99; RHG_Fo_HAB_20986: Seite 110;
- RHG_Fak_0017: Seite 37
- RHG_Fo_HAB_13219: Seite 40 oben; RHG_Fo_HAB_16014: Seite 40 unten; RHG_Fo_HAB_14374 und RHG_Fo_HAB_14369: Seite 65; RHG_Fo_HAB_16012: Seite 89; RHG_Fo_HAB_15774: Seite 91; RHG_FoHAB_16016: Seite 129;
- Siebert Schefke: RHG_Fo_SiSch_01_080-29: Seite 11; RHG_Fo_SiSch_01_032-02: Seite 25; RHG_Fo_SiSch_01_062-15: Seite 35; RHG_F_SiSch_43: Seite 36; RHG_Fo_SiSch_01_062-20: Seite 38 oben; RHG_Fo_SiSch_01_046-04: Seite 38 unten; RHG_Fo_SiSch_01_014-12: Seite 39; RHG_Fo_SiSch_01_051-08: 42; RHG_Fo_SiSch_40: Seite 43; RHG_Fo_SiSch_2: Seite 46; RHG_Fo_SiSch_01_086-19: Seite 54; RHG_Fo_SiSch_03_092-20: Seite 55; RHG_Fo_SiSch_01_012-24: Seite 68; RHG_Fo_SiSch_01_036-08: Seite 71; RHG_Fo_SiSch_01_090-04: Seite 76; RHG_Fo_SiSch_01_090-19: Seite 77; RHG_Fo_SiSch_02_007-07: Seite 80; RHG_Fo_SiSch_36: Seite 92; RHG_Fo_HAB_15775: S 94;

Siegbert Schefke, Seite 88

Standbilder aus dem Film »Leipzig«: Seiten 83-84

QR-Codes zu den Videos

Siegbert Schefke, Umwelt Galerie 1988:
https://www.youtube.com/watch?v=y4nBgtY60Z0&feature=youtu.be

Neonazis in der DDR 1988
Ein Film von Peter Wensierski
https://www.youtube.com/watch?v=n6C9uLYoBCU

Leipzig 1989:
Kamera: Aram Radomski / Siegbert Schefke Sendung Kontraste / SFB 1989
https://www.youtube.com/watch?v=i9DICfgYA2E

9.10.1989 Montagsdemonstration Leipzig:
Aufgenommen vom Kirchturm der Reformierten Kirche Leipzig, Tröndlinring 7, 04105 Leipzig
Copyright Aram Radomski / Siegbert Schefke
radomski@berlintapete.de
https://www.youtube.com/watch?v=1-cG_vhFciU

Deutschland-Leipzig 1989 – Die verbotenen Demo-Bilder:
https://www.youtube.com/watch?v=8u8evvJfNLE&feature=youtu.be

25 Jahre Friedliche Revolution: Zeigen, was im Land passiert
https://www.youtube.com/watch?v=lZEdIiKcbuo

40 Jahre ARD-Politikmagazin »Kontraste« – Teil 3
Film zum Jubiläum des ARD-Politikmagazins aus Berlin: »Kontrastreiche Zeiten«, gesendet am 24.1.2008 im RBB. Teil 3: 1984-1989 (mit Jürgen Engert, Joachim Gauck, Roland Jahn, Siegbert Schefke, Eberhard Diepgen, Uwe-Karsten Heye und Joachim Trenkner)
https://www.youtube.com/watch?v=GwXiMnOcgdE

Siegbert Schefke, 1959 in Eberswalde geboren, Ausbildung zum Diplom-Bauingenieur, seit 1991 Journalist für das MDR-Fernsehen, lebt heute in Leipzig.
https://www.siegbert-schefke.de/

Maren Martell, die langjährige dpa-Korrespondentin arbeitet seit 2013 als freie Journalistin und Autorin für regionale und überregionale Tageszeitungen und Zeitschriften.
https://martell-pr.de/

Postfach 121111 | 10605 Berlin
www.transit-verlag.de

Umschlaggestaltung und Layout: Gudrun Fröba
Umschlagabbildungen © oben: Siegbert Schefke mit Kamera: Robert-Havemann-Gesellschaft/ Aram Radomski/RHG_Fo_HAB_17268;
Mitte: Robert-Havemann-Gesellschaft/Siegbert Schefke/RHG_Fo_SiSch_03_005-18;
unten: Robert-Havemann-Gesellschaft/Aram Radomski/RHG_Fo_HAB_21005
Druck und Bindung: GGP Media GmbH, Pößneck, Deutschland
ISBN 978-3-88747-373-0